JN074674

法人税

別表四
別表五(一)の
本質

税理士 **山邉 廣重** 著

税務研究会出版局

ようこそ別表四と別表五(一)の世界へ

　私は昭和49年に国税庁の国税専門官として採用され、4月から各税法等を税務大学校で学び、6月に横浜南税務署の法人税課税部門に配属されました。

　税務大学校の研修で法人税法の初歩は学びましたが、法人税の課税所得算定の基礎となる法人税確定申告書の別表について詳しく学ばなかったため、税務署において諸先輩からそれらの講義を受けました。特に、別表四と別表五(一)については、かなりの時間を費やしたように思います。それは当然のことで、別表四と別表五(一)は法人税の課税所得算定にとって最も重要なものであることから、提出された法人税確定申告書の解読と法人税の調査での非違事項の指摘に際して、十分に理解しておく必要があったからなのです。私は20年以上法人税の調査事務に携わるとともに、退官後、税理士業務に従事し、当初作られた法人税確定申告書及び法人税の調査後の修正申告書における別表四と別表五(一)を様々な角度から見てきたにもかかわらず、その本質について、詳しく教えられたことや参考となる書物に出会うことはほとんどありませんでした。

　その理由を考えてみますと、パソコンが普及する前では、指示された方法で法人税確定申告書を作成することができたからであり、パソコンが普及した近年では、パソコンのソフトを使い必要な数字を入力すれば、課税所得の計算が容易にできることから、別表四と別表五(一)の本質を理解していなくとも法人税確定申告書を正しく作成できるからではないかと思います。

　しかし、別表四と別表五(一)の本質を正確に理解しておかなければ、その検算式が正しかったとしても、別表四と別表五(一)の調理（iv頁「注」参照）の間違いに気づかず、課税所得の算定を誤ることがあるだけでなく、法人税の調査に際し調査官の指摘事項やその税務処理がよく理解できず、法人税修正申告書又は翌期以降の法人税確定申告書を間違う場合もあるのではないかと思われます。

　そこで、本書では法人税確定申告書の作成に携わる方々の理解と参考に資するために、別表四と別表五(一)の基礎知識とその事例等を解説することによって、その本質を解き明かしていきたいと思います。

令和2年2月

税理士　山邉廣重

目　次

1　別表四と別表五㈠の基礎知識

2　基本的な事例

3　重要な事例

4　複雑な事例

参考資料

〈注〉

「調理」とは　本文において多用されている「調理」という用語は、私が国税局又は税務署で法人税の課税部門で勤務していた時に、法人税の別表を作成する時に使用していました。

　辞書等によれば、調理とは①物事をととのえること。調整。納めること。②料理すること。等と記載されています。

　あまり深く考えずに使用していましたが、今考えると、①物事をととのえること。調整。の意味で使用していたものと思われます。

　一般的に調理とは、料理を連想される方が多いかと思われますが、私が勤務していたかつての堅い職場で、勘違いされそうな粋な言葉を使っていたものです。

　今でも身体に染み付き、特に別表四と別表五㈠の作成時にはこの「調理」という用語が非常にしっくりくるので、そのまま使わせていただいております。

1 別表四と別表五㈠の
基礎知識

1 別表四

別表四の重要なポイントは次の3点にあります。

⑴ **当期の課税所得の算定**

　　法人で作成した財務諸表における当期損益に、一定の金額を加算及び減算することによって、当期の課税所得を算定します。

⑵ **別表三㈠で算定される課税留保所得金額計算の基礎データ**

　　法人税法第67条（特定同族会社の特定税率）の計算、いわゆる特定同族会社の留保金課税の計算で必要となります。

⑶ **「処分」の「留保」欄と「社外流出」欄に記載される金額に区分**

　　上記⑴のそれぞれの金額が、「処分」の「留保」欄に記載される金額（法人税法上の利益積立金額（以下、「利益積立金額」という。）となるもので、別表五㈠に移記されるもの）と「処分」の「社外流出」欄に記載される金額（利益積立金額とはならないもので、別表五㈠に移記されないもの）に区分されます。

2 別表五㈠

　　別表五㈠には、利益積立金額と資本金等の額の計算が記載されています。別表四との関連では、利益積立金額の計算が重要となりますので、ここでは、利益積立金額の計算についてのみ説明することとします。つまり、本書において、別表五㈠と記載した場合には、「利益積立金額の計算に関する明細書」として説明することとします。

　　この別表五㈠は、利益積立金額（法法2十八、法令9）の計算を示す表で、重要なポイントは次の4点にあります。

⑴ **当事業年度末における課税済の所得（税引後利益の合計金額）の内、税務上、社内留保している金額算定**

　　利益積立金額として翌期以降の重要なデータとなります。

⑵ **別表三㈠で算定される課税留保所得金額計算の基礎データ**

　　別表三㈠で算定される課税留保所得金額計算の基礎データとなるため法人

税法第67条（特定同族会社の特定税率）の計算、いわゆる特定同族会社の留保金課税の計算で必要となります。

⑶ 当期中の利益積立金額の増減の表記

別表四の課税所得の計算により発生した利益積立金額の増減及び利益積立金額内での移動（例えば、利益処分における繰越利益剰余金××／別途積立金××などの会計仕訳に係る税務処理）による利益積立金額の同額の増減を表記するもので、翌期の決算における税務処理のためにも必要となります。

⑷ 未納法人税等の処理の表記

所得に課された（及び課されることとなる）法人税及び地方税について、期首現在の未納税額、当期中の納付税額、当期の発生税額（当期に納付すべき中間法人税額等及び翌期に納付すべき法人税額等）及び期末現在の未納税額を明示しています。また、還付された（及びされることとなる）法人税等及び地方税についても同様です。

なお、これらの詳細は、別表五㈡「租税公課の納付状況等に関する明細書」に掲記されています。

3 別表四と別表五㈠との検算式

別表四に記載された「留保」の金額は、全て別表五㈠に移記されることから、原則として、次の検算式が成立します。なお、ここでは寄附修正（法令9①七）等の金額が別表五㈠だけに計上される場合は当該金額だけ不一致となりますので、別表五㈠だけに計上される金額（下記の法人税等の金額は除く）は考慮しないこととします。

> 　　　別表四「所得金額又は欠損金額」の「留保」金額（①）
>
> （＋）別表五㈠「期首現在利益積立金額」の「差引合計額」（②）
>
> （－）別表五㈠の当期確定中間法人税額等及び当期末確定法人税額等の発生税額
> 　　（未納法人税等欄の「当期の増減」の「増」欄に計上した金額（△の金額））（③）
>
> （＋）当期末確定還付法人税額等の発生税額（未納法人税等欄「当期の増減」の
> 　　「増」欄に計上した金額）（④）
>
> ---
>
> **（合計）別表五㈠「差引翌期首現在利益積立金額」の「差引合計額」（⑤）**

つまり①＋②－③＋④＝⑤となります。

この計算式は、税務当局も書類審査等で必ず行う検算式です。

この検算式が成立するのは、なぜでしょうか。その理由をこれから説明します。

別表五㈠において、

> 「差引翌期首現在利益積立金額」の「差引合計額」（上記⑤）＝「期首現在
> 利益積立金額」の「差引合計額」（上記②）＋**当期の利益積立金額の増減額**
> ※利益積立金額内での移動による同額の増減については、この検算式には
> 　影響しないので、考慮しないこととします。

の算式は当然に成立しています。

　上記の**当期の利益積立金額の増減額**は、具体的には、別表五㈠における別表四に記載された「留保」の金額から移記された全ての金額と－③＋④の合計額で構成されています。

　また、この別表四に記載された「留保」の金額から移記された全ての金額は、別表四「所得金額又は欠損金額」の「留保」金額（①）と置き換えることができるので、

> **当期の利益積立金額の増減額＝別表四「所得金額又は欠損金額」の「留保」**
> 金額（①）＋（－③＋④）

と書き換えることができます。

　したがって、

> 「差引翌期首現在利益積立金額」の「差引合計額」（上記⑤）＝「期首現在
> 利益積立金額」の「差引合計額」（上記②）＋**当期の利益積立金額の増減額**

の算式は次のように書き換えることができます。

> 「差引翌期首現在利益積立金額」の「差引合計額」（上記⑤）＝「期首現在
> 利益積立金額」の「差引合計額」（上記②）＋別表四「所得金額又は欠損金
> 額」の「留保」金額（①）　＋（－③＋④）

　つまり⑤＝①＋②－③＋④

となり、上記検算式が常に成立していることがおわかりいただけたと思います。

　これを図解すると次のようになります。

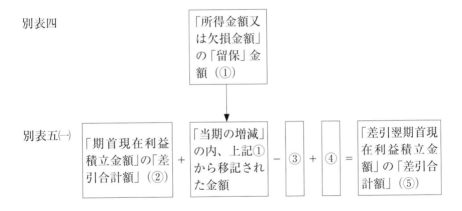

　この図からも、上記①＋②－③＋④＝⑤の検算式が成立していることが良く
理解できることと思います。

　次に、別表四にはどのような金額が記載されるかをまとめます。

4 別表四に記載する項目（金額）の分類

(1) 課税所得の加算項目

イ 損金不算入額

企業会計上費用として計上したが、税務上損金とはならない金額

ロ 益金算入額

企業会計上収益として計上していないが、税務上益金として計上すべき金額

(2) 課税所得の減算項目

イ 益金不算入額

企業会計上収益として計上したが、税務上益金とはならない金額

ロ 損金算入額

企業会計上費用として計上していないが、税務上損金として計上すべき金額

(3) 当期利益又は当期欠損

法人が作成した財務諸表における当期利益又は当期欠損の額

2 基本的な事例

1 課税所得の加算項目

〈損金不算入額〉

企業会計上費用として計上したが、税務上損金とはならない事例

　ただし、消費税及び源泉所得税は考慮に入れないこととします。(以下、「2　基本的な事例」において同様。)

(1)　別表四における「処分」が「留保」となる場合

　当期中に広告宣伝費として300,000円を現金で支払った。

　この支払は、翌期の役務提供に係る対価であることがわかった。

【当期の会計処理】

　広告宣伝費 300,000円 ／ 現金 300,000円

【当期の税務処理】

　この支払は、当期の損金とはならないので、別表四に当該金額を加算する。

・税務上の仕訳

　前払金 300,000円 ／ 広告宣伝費 300,000円

・別表四及び別表五㈠の調理

(別表四)

単位　円

区　　　分		総　額	処　　　分	
			留　保	社外流出
		①	②	③
加算	広告宣伝費否認 10	300,000	300,000	

(別表五㈠)

単位　円

区　　分		期首現在利益積立金額	当期の増減		差引翌期首現在利益積立金額 ①－②＋③
			減	増	
		①	②	③	④
前払金	3			300,000	300,000

8

【翌期の会計処理】

　必要ない。

【翌期の税務処理】

　当該金額は翌期の税務上の損金となるので、別表四で減算する。

・税務上の仕訳

　広告宣伝費 300,000円 ／ 前払金 300,000円

・別表四及び別表五㈠の調理

（別表四）

単位　円

区　　　分		総　額	処　　分	
			留　保	社外流出
		①	②	③
減算	広告宣伝費認容 22	300,000	300,000	

（別表五㈠）

単位　円

区　　分		期首現在利益積立金額	当期の増減		差引翌期首現在利益積立金額 ①－②＋③
			減	増	
		①	②	③	④
前払金	3	300,000	300,000		

(2)　別表四における「処分」が「流出」となる場合

　当期において納付すべき過少申告加算税を当期に現金で納付し、企業会計上費用として計上したが、税務上損金不算入である。

【当期の会計処理】

　過少申告加算税 500,000円 ／ 現金 500,000円

【当期の税務処理】

　別表四で当該金額を加算する。

・税務上の仕訳

　社外流出 500,000円 ／ 過少申告加算税 500,000円

9

・別表四及び別表五㈠の調理

（別表四）

単位　円

区　　分		総　額	処　　分	
			留　保	社外流出
		①	②	③
加算	過少申告加算税　9	500,000		500,000

（別表五㈠）

　特に、記入を要しない。

【翌期の会計処理】及び【翌期の税務処理】

　特に、処理することはない。

〈益金算入額〉
企業会計上収益として計上していないが、税務上益金として計上すべき事例

(1) 別表四における「処分」が「留保」となる場合

当期中に当社が行った役務提供による売上300,000円が計上されていなかった。なお、当該売上に係る対価は未収であった。

【当期の会計処理】

行われていない。

【当期の税務処理】

当該金額を当期の益金（売上計上もれ）として、別表四で加算する。

・税務上の仕訳

未収金 300,000円 ／ 売上 300,000円

・別表四及び別表五㈠の調理

（別表四）

単位 円

区　分		総　額	処　分	
			留保	社外流出
		①	②	③
加算	売上計上もれ 10	300,000	300,000	

（別表五㈠）

単位　円

区　分	期首現在利益積立金額	当期の増減		差引翌期首現在利益積立金額 ①－②＋③
		減	増	
	①	②	③	④
未収金 3			300,000	300,000

【翌期の会計処理】

翌期において、上記売上が現金で入金されたので、次の会計処理を行う。

現金 300,000円 ／ 売上 300,000円

【翌期の税務処理】

　上記売上は、前期に税務上益金として計上済（別表四で加算）であるので、別表四で当該金額を減算する。

・税務上の仕訳

　売上 300,000円 ／ 未収金 300,000円

・別表四及び別表五㈠の調理

（別表四）

単位　円

区　　　分		総　額	処　　分	
			留　保	社外流出
		①	②	③
減算	前期売上計上もれ認容 20	300,000	300,000	

（別表五㈠）

単位　円

区　　　分		期首現在利益積立金額	当期の増減		差引翌期首現在利益積立金額①－②＋③
			減	増	
		①	②	③	④
未収金	3	300,000	300,000		

(2) 別表四における「処分」が「社外流出」となる場合

　当期において、特定外国子会社等の合算課税（措法66の6）の適用により益金に算入すべき金額が500,000円であった。

【当期の会計処理】

　行われていない。

【当期の税務処理】

　当該金額を当期の益金（外国子会社の課税対象金額の益金算入額）として、別表四で加算する。

・税務上の仕訳

　社外流出 500,000円 ／ 外国子会社の課税対象金額の益金算入額 500,000円

・別表四及び別表五㈠の調理

（別表四）

単位　円

区　　分			総　額	処　　分	
				留　保	社外流出
			①	②	③
加算	外国子会社の課税対象金額の益金算入額	10	500,000		※ 500,000

（別表五㈠）

特に、記入を要しません

【翌期の会計処理】及び【翌期の税務処理】

特に、処理することはない。

2　課税所得の減算項目

〈益金不算入額〉
企業会計上収益として計上したが、税務上益金とはならない事例

⑴　別表四における「処分」が「留保」となる場合

当期中に受取手数料として300,000円を現金で受領したが、その役務提供は翌期であることがわかった。

【当期の会計処理】

現金 300,000円 ／ 受取手数料 300,000円

【当期の税務処理】

企業会計上収益として計上した当該300,000円は、当期の税務上益金とはならないので、別表四で当該金額を減算する。

・税務上の仕訳

受取手数料 300,000円 ／ 前受金 300,000円

・別表四及び別表五㈠の調理

（別表四）

単位　円

区　　分		総　額	処　　分	
			留　保	社外流出
		①	②	③
減算	受取手数料否認	20	300,000	300,000	

（別表五㈠）

単位　円

区　　分		期首現在利益積立金額	当期の増減		差引翌期首現在利益積立金額 ①－②＋③
			減	増	
		①	②	③	④
前受金	3			△300,000	△300,000

【翌期の会計処理】

行われていない。

【翌期の税務処理】

当該金額は翌期の税務上の益金となるので、別表四で加算する。

・税務上の仕訳

前受金 300,000円 ／ 受取手数料 300,000円

・別表四及び別表五㈠の調理

（別表四）

単位 円

区　　分		総　額	処　　　分	
			留　保	社外流出
		①	②	③
加算	受取手数料認容 10	300,000	300,000	

（別表五㈠）

単位 円

区　　分		期首現在利益積立金額	当期の増減		差引翌期首現在利益積立金額 ①－②＋③
			減	増	
		①	②	③	④
前受金	3	△300,000	△300,000		

(2) 別表四における「処分」が「社外流出」となる場合

当期において、受取配当金500,000円を現金で受領したが、当該金額は、受取配当等の益金不算入額（法法23）に該当した。

【当期の会計処理】

現金 500,000円 ／ 受取配当金 500,000円

【当期の税務処理】

当期における受取配当等の益金不算入額（法法23）として当該金額を別表四で減算する（法法23、法令9①一ロ）。

・税務上の仕訳

受取配当金 500,000円 ／ 社外流出 500,000円

・別表四及び別表五㈠の調理

（別表四）

単位 円

区 分			総 額	処 分		
				留 保	社外流出	
			①	②	③	
減算	受取配当等の益金不算入額	14	500,000		※	500,000

（別表五㈠）

　特に、記入を要しない。

【翌期の会計処理】及び【翌期の税務処理】

　特に、処理することはない。

〈損金算入額〉
企業会計上費用として計上していないが、税務上損金として計上すべき事例

---

(1) 別表四における「処分」が「留保」となる場合

当期中に役務提供を受け、支払金額も確定した支払手数料300,000円が計上もれとなっていた。なお、その対価は未払であった。

【当期の会計処理】

行われていない。

【当期の税務処理】

当該金額を当期の損金（支払手数料計上もれ）として、別表四で減算する。

・税務上の仕訳

支払手数料 300,000円 ／ 未払金 300,000円

・別表四及び別表五㈠の調理

（別表四）

単位　円

区　　　分		総　額	処　　分	
			留　保	社外流出
		①	②	③
減算	支払手数料計上もれ　10	300,000	300,000	

（別表五㈠）

単位　円

区　　　分	期首現在利益積立金額	当期の増減		差引翌期首現在利益積立金額①－②＋③
		減	増	
	①	②	③	④
未払金　3			△300,000	△300,000

【翌期の会計処理】

翌期において、上記支払手数料を現金で支払ったので、次の会計処理を行った。

支払手数料 300,000円　／　現金 300,000円

【翌期の税務処理】

　上記支払手数料は、前期に税務上損金として計上済（別表四で減算）であるので、別表四で当該金額を加算する。

・税務上の仕訳

　未払金 300,000円　／　支払手数料 300,000円

・別表四及び別表五㈠の調理

（別表四）

単位　円

区　　　分		総　額	処　　分	
			留　保	社外流出
		①	②	③
加算	支払手数料否認	10	300,000	300,000	

（別表五㈠）

単位　円

区　　分		期首現在利益積立金額	当期の増減		差引翌期首現在利益積立金額 ①－②＋③
			減	増	
		①	②	③	④
未払金	3	△300,000	△300,000		

(2)　別表四における「処分」が「社外流出」となる場合

　当期において、繰越欠損金の当期控除額として損金算入する金額は、500,000円であった（法法57、法令9①一ヘ）。

【当期の会計処理】

　行われていない。

【当期の税務処理】

　当該金額を当期の損金（欠損金の当期控除額）として、別表四で減算する。

・税務上の仕訳

　欠損金の当期控除額 500,000円　／　社外流出 500,000円

・別表四及び別表五㈠の調理

（別表四）

単位　円

区　　　分		総　　額	処　　分		
			留　保	社外流出	
		①	②	③	
欠損金の当期控除額	40	△500,000		※	△500,000

（別表五㈠）

　特に、記入を要しない。

【翌期の会計処理】及び【翌期の税務処理】

　特に、処理することはない。

3　当期利益又は当期欠損

「当期利益又は当期欠損の額」の欄では、「総額」・「処分」の「留保」・「処分」の「社外流出」の金額が記載されることになります。これらには、当期中に株主総会等で行われた剰余金の配当等の金額も含まれております。

これらに係る別表四及び別表五㈠の調理について、具体的な事例を挙げて説明します。

〈事例〉

前期繰越利益剰余金（繰越損益金）	1,000,000円
当期利益	500,000円

当期における株主総会等で、前期繰越利益剰余金（繰越損益金）について、剰余金の処分を次のように行った。

配当	700,000円
利益準備金	70,000円
別途積立金	150,000円
翌期繰越利益剰余金（繰越損益金）	80,000円

⑴　上記事例に係る別表四及び別表五㈠の調理

上記の事例については、現行の実務では、次のように記載することとされています。

（別表四）

単位　円

区　　分		総　　額	処　　分		
			留　保	社外流出	
		①	②	③	
当期利益の額	1	500,000	△200,000	配　当	700,000
				その他	

「当期利益又は当期欠損の額」（以下、本事例において「当期利益の額」という。）

の「総額」は500,000円で「処分」の「社外流出」は700,000円（配当金）ですので、「処分」の「留保」は「総額」500,000円から「処分」の「社外流出」700,000円（配当金）を差し引いた△200,000円を記載することとされています。

（別表五㈠）

単位　円

区　　分		期首現在利益積立金額	当期の増減		差引翌期首現在利益積立金額①－②＋③
			減	増	
		①	②	③	④
利益準備金	1	××		70,000	××
別途積立金	2	××		150,000	××
繰越損益金	26	1,000,000	1,000,000	580,000	580,000

　「当期の増減」「増」欄には、利益準備金70,000円、別途積立金150,000円及び繰越損益金580,000円を、「当期の増減」「減」欄には、繰越損益金1,000,000円を記載することとされています。

⑵　上記事例に係る別表四及び別表五㈠の調理についての解説

イ　「当期利益の額」500,000円の別表四及び別表五㈠の調理について

　当期中に稼得した利益（「当期利益の額」）500,000円は、課税所得となり、翌期繰越利益剰余金（繰越損益金）として当期末では留保される金額となりますので、別表四の「処分」の「留保」に500,000円と計上されなければなりません。

　しかし、実務においては、本事例のような配当等がある場合には別表四の「当期利益の額」の「処分」の「社外流出」欄には700,000円と、また、「処分」の「留保」欄には△200,000円（500,000円（当期利益の額）－700,000円（配当）），として記載することとされています。

　なぜ、このようになったかは、定かではありませんが、この別表四及び別表五㈠に係る調理は、「1　別表四と別表五㈠の基礎知識」で述べた別表四及び別表五㈠の検算式の原則からは外れていません。

　この調理は、次に記載したイ－1及びイ－2の別表四を合体したものだと考えれば、よく理解できるでしょう。

イー1　（配当金700,000円に係る個別的な別表四及び別表五㈠の調理）

（別表四）（A）

単位　円

区　　分		総　額	処　　分	
			留　保	社外流出
		①	②	③
加算	配当金	5	700,000		700,000
減算	繰越損益金	6	700,000	700,000	

（別表五㈠）

単位　　円

区　　分		期首現在利益積立金額	当期の増減		差引翌期首現在利益積立金額 ①－②＋③
			減	増	
		①	②	③	④
繰越損益金	27	××	700,000		××

イー2　（「当期利益の額」500,000円に係る個別的な別表四及び別表五㈠の調理）

（別表四）（B）

単位　円

区　　分		総　額	処　　分	
			留　保	社外流出
		①	②	③
当期利益の額	1	500,000	500,000	

（別表五㈠）

単位　　円

区　　分		期首現在利益積立金額	当期の増減		差引翌期首現在利益積立金額 ①－②＋③
			減	増	
		①	②	③	④
繰越損益金	27	××		500,000	××

　したがって、上記イー1の別表四（A）とイー2の別表四（B）を合体して、別表四（B）に集約させると、次のような記載となります。

（別表四）

単位　円

区　　分		総　額	処　　分	
			留　保	社外流出
		①	②	③
当期利益の額	1	500,000	△200,000	700,000

　この別表四は、まさに当初記載した実務における別表四の記載と一致することから、上記イー１とイー２の税務処理が合体したものであることがご理解いただけるでしょう。

　また、上記イー１とイー２における別表五㈠の「当期の増減」を合体すると、別表五㈠は次のようになります。

（別表五㈠）（C）

単位　円

区　　分		期首現在利益積立金額	当期の増減		差引翌期首現在利益積立金額①－②＋③
			減	増	
		①	②	③	④
繰越損益金	27	××	700,000	500,000	××

ロ　前期繰越利益剰余金（繰越損益金）の処分で社内留保するものについて

　上記の事例のように、前期繰越利益剰余金（繰越損益金）から配当した残額300,000円を利益準備金70,000円、別途積立金150,000円及び翌期繰越利益剰余金（繰越損益金）80,000円として社内留保する場合、原則として、別表五㈠内の移動処理だけを行うこととしていますので、別表五㈠の調理は次のようになります。

（別表五㈠）（D）

単位　円

区　　分		期首現在利益積立金額	当期の増減		差引翌期首現在利益積立金額①－②＋③
			減	増	
		①	②	③	④
利益準備金	1	××		70,000	××
別途積立金	2	××		150,000	××
繰越損益金	26	××	300,000	80,000	××

　したがって、上記イの（別表五㈠）（C）とロの（別表五㈠）（D）における「当

期の増減」を合体し、「繰越損益金」の「期首現在利益積立金額」1,000,000円を
記入すると、「差引翌期首現在利益積立金額」は、580,000円となりますので、別
表五㈠は次のようになります。

（別表五㈠）

単位　円

区　　分		期首現在利益積立金額	当期の増減		差引翌期首現在利益積立金額 ①－②＋③
			減	増	
		①	②	③	④
利益準備金	1	××		70,000	××
別途積立金	2	××		150,000	××
繰越損益金	26	1,000,000	1,000,000	580,000	580,000

　この別表五㈠は、まさに当初記載した実務における別表五㈠の記載と一致す
ることから、上記イとロの税務処理が合体したものであることがご理解いただ
けるでしょう。

3 重要な事例

1　法人税等及びそれに関連する項目に係る税務処理

⑴　法人税等の税務処理

　法人税等は、次の別表五㊀の「未納法人税等」欄に法人税等の金額を記載することとされています。

別表五㊀　利益積立金額及び資本金等の額の計算に関する明細書

単位　　円

区　　分		期首現在利益積立金額①	当期の増減 減②	当期の増減 増③		差引翌期首現在利益積立金額①－②＋③ ④
（退職年金等積立金に対するものを除く。）未納法人税等	未納法人税及び未納地方法人税（附帯税を除く）　28	△××	△××	中間	△××	△××
				確定	△××	
	未納道府県民税（均等割額を含む。）　29	△××	△××	中間	△××	△××
				確定	△××	
	未納市町村民税（均等割額を含む。）　30	△××	△××	中間	△××	△××
				確定	△××	
差引合計額	31					

　この内、上記別表五㈠の「当期の増減」「増」欄の「中間」欄及び「確定」欄については、別表四とリンクしておらず、ここに記入する理由がよくわからないことが多いと思われますので、その理由について、「未納法人税及び未納地方法人税」に絞り、分かりやすく説明します。

イ　「当期の増減」「増」欄の「確定」欄に△××の金額を記入する理由

　事業年度末で、納税すべき法人税等は成立している（国税通則法15②三）ので、当該金額の納期限である事業年度末2月後までに納付すべき金額（ここでは200円とします。）を当該欄に記入することによって、法人税法上の利益積立金額を減少させることとされている（法令9①一ヌ）からです。

　別表五㈠「利益積立金額及び資本金等の額の計算に関する明細書」においては次のように記入されます。

別表五㈠　利益積立金額及び資本金等の額の計算に関する明細書

単位　円

I　利益積立金額の計算に関する明細書		期首現在利益積立金額	当期の増減			差引翌期首現在利益積立金額 ①−②+③
区　分			減	増		
		①	②	③		④
未納法人税等（退職年金等積立金に対するものを除く。）	未納法人税及び未納地方法人税（附帯税を除く） 28	△××	△××	中間	△××	△200
				確定	△ 200	
	未納道府県民税（均等割額を含む。） 29	△××	△××	中間	△××	△××
				確定	△××	
	未納市町村民税（均等割額を含む。） 30	△××	△××	中間	△××	△××
				確定	△××	
差引合計額		31				

〈解説〉

　この記載金額（「当期の増減」「増」欄の「確定」欄に記入した金額△200）は、別表五㈠だけに記入されることから、別表四とのつながりはなく、当該金額だけ別表四と別表五㈠の検算式は不一致となります。

　もちろん、還付される場合は、△200ではなく、200というプラスの金額を次のように記入し、法人税法上の利益積立金額を増加させることとしています。

別表五㈠　利益積立金額及び資本金等の額の計算に関する明細書

単位　円

I　利益積立金額の計算に関する明細書						
区　　分		期首現在利益積立金額	当期の増減			差引翌期首現在利益積立金額 ①－②＋③
			減	増		
		①	②	③		④
（退職年金等積立金に対するものを除く。）未納法人税等	未納法人税及び未納地方法人税（附帯税を除く）	28	△××	△××	中間	△××	200
					確定	200	
	未納道府県民税（均等割額を含む。）	29	△××	△××	中間	△××	△××
					確定	△××	
	未納市町村民税（均等割額を含む。）	30	△××	△××	中間	△××	△××
					確定	△××	
差引合計額		31					

　また、実務においては、法人税等の還付金額が発生する場合において、「未納法人税等」の欄ではなく、その上の別欄に次のように記入することもあります。

別表五㈠　利益積立金額及び資本金等の額の計算に関する明細書

単位　円

I　利益積立金額の計算に関する明細書							差引翌期首現在利益積立金額 ①−②+③
区　　分		期首現在利益積立金額	当期の増減				
			減	増			
		①	②	③			④
還付法人税等					200		200
未納法人税等（退職年金等積立金に対するものを除く。）	未納法人税及び未納地方法人税（附帯税を除く。）	28	△××	△××	中間	△××	△××
					確定	△××	
	未納道府県民税（均等割額を含む。）	29	△××	△××	中間	△××	△××
					確定	△××	
	未納市町村民税（均等割額を含む。）	30	△××	△××	中間	△××	△××
					確定	△××	
差引合計額		31					

〈解説〉

　上記確定還付法人税等の金額も、未納法人税等と同様の理由で、当該金額200だけ別表四と別表五㈠の検算式は不一致となります。

　上記還付法人税等の金額についての説明は省略し、未納法人税等について説明させていただきます。

　翌期において、当該未納法人税等200円全額を事業年度末２月後の納期限までに現金で納付した場合には、次のような会計仕訳を行います。

法人税等（損金）200円　／　現金　200円

　税務上の仕訳は、

　　　未納法人税等　200円　／　法人税等（益金）200円

となりますので、別表四と別表五㈠の調理は、次のようになります。

（別表四）

単位　円

区　　分		総　額	処　分		
			留　保	社外流出	
		①	②	③	
加算	損金経理をした法人税及び地方法人税（附帯税を除く）	2	200	200		

別表五㈠　利益積立金額及び資本金等の額の計算に関する明細書

単位　円

I　利益積立金額の計算に関する明細書							
区　　分		期首現在利益積立金額	当期の増減				差引翌期首現在利益積立金額①－②＋③
			減		増		
		①	②		③		④
（退職年金等積立金に対するものを除く。）未納法人税等	未納法人税及び未納地方法人税（附帯税を除く）	28	△200	△200	中間	△××	△××
					確定	△××	
	未納道府県民税（均等割額を含む。）	29	△××	△××	中間	△××	△××
					確定	△××	
	未納市町村民税（均等割額を含む。）	30	△××	△××	中間	△××	△××
					確定	△××	
差引合計額		31					

〈解説〉

　上記の納付された法人税等200円は、税務上損金とならないので、別表四で加算します。その処分について、利益積立金額200円の増加（別表五㈠で税務上留保（増））としているのは、当期において計上した利益積立金額の減少額200円（別表五㈠で税務上留保（減）した金額（法令9①一ヌ））の全額が翌期において企業会計上で実現したことにより、当該利益積立金額の減少額200円を消去しなければならないからなのです。

ロ　「当期の増減」「増」欄の「中間」欄に△××の金額を記入する理由

　当期に納付すべき中間法人税等についても、未納法人税等と同様に、事業年度末において成立しているので、法人税法上の利益積立金額を減少させることとされています（法令9①一ヌ）。そのため、当該金額（ここでは100円とします。）を別表五㈠の「当期の増減」の「増」③「中間」欄で税務上留保（減）△100として計上することとなります。

　当該中間法人税等100円全額を当期中に現金で納付した場合、次のような会計仕訳となります。

　　中間法人税等（損金）100円 ／ 現金100円

　税務上の仕訳は次のようになります。

　　未納中間法人税等100円 ／ 中間法人税等（益金）100円

　納付された中間法人税等100円は、税務上損金とならないので、別表四で加算します。その処分は「留保」とし、別表五㈠で利益積立金額100円の増加となります。その理由は、当期において計上した利益積立金額の減少額100円（別表五㈠の「当期の増減」の「増」③「中間」欄で税務上留保（減）△100として計上した金額）の全額が当期において企業会計上で実現したことにより、当該利益積立金額の減少額100円を消去しなければならないからなのです。

　したがって、当期に納付すべき中間法人税等及び当期に納付した中間法人税等の別表四と別表五㈠の調理は次のようになります。

（別表四）

単位 円

区　　分		総　額	処　　分	
			留　保	社外流出
		①	②	③
加算	損金経理をした法人税及び地方法人税（附帯税を除く） 2	100	100	

別表五㈠　利益積立金額及び資本金等の額の計算に関する明細書

単位 円

I　　利益積立金額の計算に関する明細書					
区　　分		期首現在利益積立金額	当期の増減		差引翌期首現在利益積立金額 ①－②＋③
			減	増	
		①	②	③	④
未納法人税等（退職年金等積立金に対するものを除く。）	未納法人税及び未納地方法人税（附帯税を除く） 28	△××	100 △××	中間 △ 100 確定 △××	△××
	未納道府県民税（均等割額を含む。） 29	△××	△××	中間 △×× 確定 △××	△××
	未納市町村民税（均等割額を含む。） 30	△××	△××	中間 △×× 確定 △××	△××
差引合計額	31				

〈解説〉

　この記載金額（「当期の増減」「増」欄の「中間」欄に記入した金額△100）は、別表五㈠だけに記入されることから、別表四とのつながりはなく、当該金額だけ別表四と別表五㈠の検算式は不一致となります。

　以上、縷々（るる）説明した理由から、当期末2月後までに納付すべき法人税等と当期に納付すべき中間法人税等を、別表五㈠の「未納法人税等」の「当期の増減」「増」欄（「中間」と「確定」欄）に記載することとなっています。また、これらの法人税法上の税務処理によって、当期において、両者の合計金額（当期末に成立確定した法人税等）が利益積立金額から減少されることとなります（法令9①一ヌ）。

＊　**面白い話** ◇◇◇◇◇◇◇◇◇◇◇◇◇◇◇◇◇◇◇◇◇◇◇◇◇◇◇◇◇◇◇◇◇◇◇◇◇◇◇

　ここで、実務とは離れ、これらについて、少し頭の体操をしたいと思います。

　実は、当期に納付した中間法人税等及び翌期に納付した法人税等に係る税務処理は、罰科金を支払い、それを損金処理したものの税務処理と同様と考えることもできるのです。今まで、法人税等については、別表四で加算（留保）と習ってきた皆さんには、寝耳に水の話でしょう。また、法人税等は流出なのに、何故留保なのだろうかと悩んでいた会計の担当者の方にはなるほどと思っていただけるのではないでしょうか。これらは、若干の税務調整を行うことで、法人税等も、罰科金と同様の流出の処理を行っていることが理解できます。

　つまり、

　　罰科金　××（会計上の費用（損金））　／　現金　××

　　加算（流出）××　　　　　　（別表四）

の税務処理（罰科金→法人税等（中間法人税等）に置き換えたもの）と全く同様と考えることができます。

1　納付中間法人税等（100とします。）について

　これは、当期における未納中間法人税等（納付すべき中間法人税等）に係る税務処理及び当期に納付した中間法人税等の会計仕訳とその税務処理について考えます。

　実務において、当該未納中間法人税等については、法人税法施行令第9条第1項第1号ヌにより、税務上の利益積立金を減少させる必要がありますので、当該金額を別表五㈠だけに計上する税務処理を行います。

　これについて、利益積立金額の減少という法人税法上の考え方に注目するな

らば、別表五(一)だけに計上する方法ではなく、別表四を経由する次の方法も課税所得に影響を及ぼさないので間違いとはならないでしょう。

つまり、

別表四において

加算（流出）100　　　　　　（別表四）

減算（留保）100　　　　　　（別表四）→別表五(一)

の両建て計上する方法で税務処理することとします。

そうすると、当該未納中間法人税等100の税務処理及び納付中間法人税等100の会計仕訳とその税務処理は次のようになります。

・当期における未納中間法人税等の税務処理

加算（流出）100　　　　　　（別表四）　　　　　　　　　　　　①

減算（留保）100　　　　　　（別表四）→別表五(一)　　　　　②

・当期における納付中間法人税等の会計仕訳とその税務処理

中間法人税等 100（企業会計上の費用（損金））／ 現金 100　　③

加算（留保）100　　　　　　（別表四）→別表五(一)（上記の税務否認）　　④

この結果、②と④は相殺され、残る会計仕訳及びその税務処理は次のようになります。

中間法人税等 100（企業会計上の費用（損金））／ 現金 100　　③

加算（流出）100　　　　　　（別表四）　　　　　　　　　　　　①

つまり、納付中間法人税について、罰科金の税務処理と同様となります。

2　納付法人税等（200とします。）について

これは、当期における未納法人税等（納付すべき法人税等）の税務処理と翌期に行った納付法人税等の会計仕訳及びその税務処理を合算したところで考えます。

実務において、当該未納法人税等は、法人税法施行令第9条第1項第1号ヌにより、税務上の利益積立金を減少とさせる必要がありますので、当該金額を別表五(一)だけに計上する税務処理を行います。

これについても、上述した未納中間法人税等と同様に、利益積立金額の減少

という法人税法上の考え方に注目するならば、別表五㈠だけに計上する方法ではなく、別表四を経由する次の方法も課税所得に影響を及ぼさないので間違いとはならないでしょう。

　つまり、

　別表四において

　　　加算（流出）200　　　　　（別表四）

　　　減算（留保）200　　　　　（別表四）→別表五㈠

の両建て計上する方法で税務処理することとします。

　そうすると、当期における当該未納法人税等200の税務処理及び翌期における納付法人税等200の会計仕訳とその税務処理は次のようになります。

・当期における未納法人税等の税務処理

　　　加算（流出）200　　　　　（別表四）　　　　　　　　　　　　①

　　　減算（留保）200　　　　　（別表四）→別表五㈠　　　　　　②

・翌期における納付法人税等の会計仕訳とその税務処理

　　　法人税等 200（企業会計上の費用（損金））／ 現金 200　　　③

　　　加算（留保）200　　　　　（別表四）→別表五㈠（上記の税務否認）　④

　この結果、当期と翌期の会計仕訳及びその税務処理を合算しますと、②と④が相殺され、

　　　法人税等 200（会計上の費用（損金））／ 現金 200　　　③

　　　加算（流出）200　　　　　（別表四）　　　　　　　　　①

が残ることとなります。

　つまり、納付法人税等についても、罰科金と同様の税務処理となることがお分かりいただけたと思います。

　以上のように書きますと、この方法で別表四と別表五㈠を作成してもよいのではないかとお考えの方もあると思いますが、問題点がないわけではないので、ご注意いただきたいと思います。

　この方法は、現行の実務処理における別表四の課税所得金額の「総額」の合計金額は一致しますので、現行の実務における課税所得の算定結果と同一になります。また、別表五㈠も現行の実務と同一であるので、留保金課税の計算は

不要（対象外）である法人においては問題ないと考えます。しかし、別表四の「処分」の「留保」の合計金額は、現行の実務処理の金額とは異なりますので、留保金課税の計算を行う必要がある場合には、法人税法施行規則記載の「特定同族会社の留保金額に対する税額計算の別表三㈠」を使用できない（間違った結果となる。）こととなります。是非、ご留意いただきたいと思います。

　以上で頭の体操を終わりますが、やはり、法人税等も罰科金と本質的には変わらないことがご理解いただけるかと思いますので、その本質を読み解くと思って読んでいただければ幸いです。

(2) 納税充当金の税務処理

　納税充当金は、次の「別表五(一)　利益積立金額及び資本金等の額の計算に関する明細書」の「Ⅰ　利益積立金額の計算に関する明細書」において「納税充当金」欄が設けられ、そこに記載することとされています。

別表五(一)　利益積立金額及び資本金等の額の計算に関する明細書

単位　円

<table>
<tr><td colspan="8">Ⅰ　利益積立金額の計算に関する明細書</td></tr>
<tr><td rowspan="3">区　　分</td><td rowspan="3"></td><td rowspan="3">期首現在
利益積立
金額</td><td colspan="3">当期の増減</td><td rowspan="3">差引翌期首
現在利益積
立金額
①－②＋③</td></tr>
<tr><td>減</td><td colspan="2">増</td></tr>
<tr><td>①</td><td>②</td><td colspan="2">③</td><td>④</td></tr>
<tr><td>納　税　充　当　金</td><td>27</td><td>××</td><td>××</td><td colspan="2">××</td><td>××</td></tr>
<tr><td rowspan="6">未納法人税等
（退職年金等積立金に対するものを除く。）</td><td rowspan="2">未納法人税及び
未納地方法人税
（附帯税を除く。）</td><td rowspan="2">28</td><td rowspan="2">△××</td><td rowspan="2">△××</td><td>中間</td><td>△××</td><td rowspan="2">△××</td></tr>
<tr><td>確定</td><td>△××</td></tr>
<tr><td rowspan="2">未納道府県民税
（均等割額を含む。）</td><td rowspan="2">29</td><td rowspan="2">△××</td><td rowspan="2">△××</td><td>中間</td><td>△××</td><td rowspan="2">△××</td></tr>
<tr><td>確定</td><td>△××</td></tr>
<tr><td rowspan="2">未納市町村民税
（均等割額を含む。）</td><td rowspan="2">30</td><td rowspan="2">△××</td><td rowspan="2">△××</td><td>中間</td><td>△××</td><td rowspan="2">△××</td></tr>
<tr><td>確定</td><td>△××</td></tr>
<tr><td colspan="2">差引合計額</td><td>31</td><td></td><td></td><td colspan="2"></td><td></td></tr>
</table>

　納税充当金は、会計上の仕訳を行った結果、税務上の調理として、別表五(一)に記載されております。

　その仕訳は、納税充当金が貸方の場合と借方の場合があり、

〈納税充当金繰入（損金）　××　／　**納税充当金　××**〉

〈**納税充当金　××**　／　現金（法人税等の納税）〉

などの納税充当金を介在した会計処理が実務上大変多く行われています。

　また、この納税充当金が記入される仕訳は、企業規模にもよりますが多種多様でその税務処理に困惑される方も多いかと思います。しかし、この科目の重要性に鑑み、国税庁は、上記別表五㈠に一欄を設けて記載するようにしているだけでなく、別表五㈡「租税公課の納付状況等に関する明細書」においても、次のような「納税充当金の計算」という表を作り、納税充当金の「繰入額」と「取崩額」の明細を明らかにするよう要求しております。

別表五㈡　租税公課の納付状況等に関する明細書

法人税及び地方法人税等の納付状況の記載								
納税充当金の計算								
	期首納税充当金	30	円			損金算入のもの	36	円
繰入額	損金経理をした納税充当金	31		取崩額	その他	損金不算入のもの	37	
		32					38	
	計 (31) + (32)	33				仮払税金償却	39	
取崩額	法人税額等	34				計 ((34) + (35) + (36) + (37) + (38) + (39))	40	
	事業税	35				期末納税充当金 (30) + (33) − (40)	41	

この表における

○　「期首納税充当金」（30）は、上記別表五㈠27－①（納税充当金の期首現在利益積立金額）

○　「繰入額　計」（33）は、上記別表五㈠27－③（納税充当金に計上した金額の合計額）

○ 「取崩額　計」(40) は、上記別表五㈠27 − ② （納税充当金を取り崩した金額
　の合計額）

○ 「期末納税充当金」(41) は、上記別表五㈠27 − ④ （納税充当金の差引翌期首
　現在利益積立金額）

に該当しています。

　これらの内、「繰入額　計」(33) と「取崩額　計」(40) は、別表四において
次のように記載されます。

（別表四）

単位　円

区　　　分		総　額	処　　　　分	
			留　保	社外流出
		①	②	③
加算	納税充当金繰入額否認	10	××	××	

（別表四）

単位　円

区　　　分		総　額	処　　　　分	
			留　保	社外流出
		①	②	③
減算	納税充当金取崩額否認（別表四における記載は「納税充当金から支出した事業税等の金額」）	13	××	××	

　したがって、上記別表四の留保の金額は別表五㈠に移記されることとなりま
すので、37頁の別表五㈠の「納税充当金」の②及び③に同額が記入されること
となります。

　このように、当該事業年度中に、納税充当金として記載した貸方会計仕訳金
額の合計額を別表四の加算項目（納税充当金の増加）に、納税充当金として記載
した借方会計仕訳金額の合計額を別表四の減算項目（納税充当金の減少）に、記
入することによって、その反対勘定だけの税務判断をすればよくなるからです。
このことは、多数の納税充当金の会計仕訳を行う法人にとっては、極めてシン

プルなもので、かつ、税務処理を間違いなく行えることが実務上、実証されています。

　反対勘定には、損益項目と資産（負債）項目があります。

① 反対勘定が損益項目の場合

　　納税充当金繰入れ（損金）×× ／ 納税充当金 ××

　　納税充当金 ×× ／ 納税充当金取崩し（益金）××

　一般的には、この会計仕訳しかありませんので、上記「繰入額　計」（33）及び「取崩額　計」（40）の一部を構成することとなります。

　したがって、上記の別表四（同額は別表五㈠の27－③及び27－②）の調理に包含されることとなります。

② 反対勘定が資産（負債）項目の場合

　納税充当金/資産（負債）項目（又は資産（負債）項目/納税充当金）の会計仕訳の間に損金と益金があると考えて、税務上で別表上の調理を行います。

　負債項目も理論上可能ですが、実務では発生しないと思われます。

　それでは、納税充当金の反対勘定が資産項目の会計仕訳を、いくつかの例を挙げて説明します。

イ　法人税100円を現金で納付した場合

　次のような会計仕訳が行われます。

　　納税充当金 100円 ／ 現金 100円

　これを次のような2つの会計仕訳の合成と考えます。

　　<u>納税充当金 100円 ／ 益金 100円</u>　**及び**　<u>損金 100円 ／ 現金 100円</u>

　前仕訳については、納税充当金の益金算入否認の税務処理を行います。この納税充当金金額は、上記納税充当金の会計仕訳の借方総額の一部となりますので、上記別表四でその総額を減算（留保）した金額及び上記別表五㈠の「納税充当金」「減」欄に移記された金額の一部となります。

　後仕訳については、法人税が損金として計上されていますので、損金不算入の税務処理を行います。当該金額は留保項目となりますので、次のような別表四及び別表五㈠の調理が必要となります。

（別表四）

単位　円

区　分			総　額	処　分		
				留　保	社外流出	
			①	②	③	
加算	損金経理をした法人税及び地方法人税（附帯税を除く）	2	100	100		

別表五(一)　利益積立金額及び資本金等の額の計算に関する明細書

単位　円

I　利益積立金額の計算に関する明細書			期首現在利益積立金額	当期の増減			差引翌期首現在利益積立金額 ①－②＋③
区　分				減	増		
			①	②	③		④
未納法人税等（退職年金等積立金に対するものを除く。）	未納法人税及び未納地方法人税（附帯税を除く）	28	△100	△100	中間	△××	△××
					確定	△××	
	未納道府県民税（均等割額を含む。）	29	△××	△××	中間	△××	△××
					確定	△××	
	未納市町村民税（均等割額を含む。）	30	△××	△××	中間	△××	△××
					確定	△××	
差引合計額		31					

ロ　法人税の還付金100円が現金で入金された場合

次のような会計仕訳が行われます。

　　現金　100円　／　納税充当金　100円

これを次のような２つの会計仕訳の合成と考えます。

　　現金　100円　／　益金　100円　**及び**　損金　100円　／　納税充当金100円

前仕訳については、法人税の還付金が益金計上されていますので、益金不算入の税務処理を行います。納付された法人税は別表四の処分で留保項目として処理されていますので、その還付金も別表四の処分で留保項目として処理することとなります。

したがって、次のような別表四及び別表五㈠の調理が必要となります。

（別表四）

単位　円

区　　分		総　額	処　　分	
			留　保	社外流出
		①	②	③
減算	法人税等の中間納付額及び過誤納に係る還付金額 18	100	100	

別表五㈠　利益積立金額及び資本金等の額の計算に関する明細書

単位　円

Ⅰ　利益積立金額の計算に関する明細書						
区　　分		期首現在利益積立金額	当期の増減			差引翌期首現在利益積立金額 ①－②＋③
			減	増		
		①	②	③		④
未納法人税等（退職年金等積立金に対するものを除く。）	未納法人税及び未納地方法人税（附帯税を除く） 28	100	100	中間	△××	△××
				確定	△××	
	未納道府県民税（均等割額を含む。） 29	△××	△××	中間	△××	△××
				確定	△××	
	未納市町村民税（均等割額を含む。） 30	△××	△××	中間	△××	△××
				確定	△××	
差引合計額		31				

後仕訳については、納税充当金の損金算入否認の税務処理を行います。この納税充当金金額は、上記納税充当金仕訳の貸方総額の一部となりますので、上記別表四でその総額を加算（留保）した金額及び上記別表五㈠の「納税充当金」「増」欄に移記された金額の一部となります。

ハ　事業税100円を現金で納付した場合

次のような会計仕訳が行われます。

　　納税充当金 100円 ／ 現金 100円

これを次のような2つの会計仕訳の合成と考えます。

　　納税充当金 100円 ／ 益金 100円　**及び**　損金 100円 ／ 現金 100円

前仕訳については、納税充当金の益金算入否認の税務処理を行います。この納税充当金金額は、上記納税充当金の会計仕訳の借方総額の一部となりますので、上記別表四でその総額を減算（留保）した金額及び上記別表五㈠の「納税充当金」「減」欄に移記された金額の一部となります。

後仕訳については、納付した事業税は損金算入ですから、特段の別表上の調理は必要ありません。

ニ　事業税の還付金100円が現金で入金された場合

次のような会計仕訳が行われます。

　　現金 100円 ／ 納税充当金 100円

これを次のような2つの会計仕訳の合成と考えます。

　　現金 100円 ／ 益金 100円　**及び**　損金 100円 ／ 納税充当金 100円

前仕訳については、現金還付を受けた事業税が益金として計上されていますので、特段の別表上の調理は必要ありません。何故ならば、納付された事業税は、損金算入とされていますので、戻った金額は益金算入とされます。

後仕訳については、納税充当金の損金算入否認の税務処理を行います。この納税充当金金額は、上記納税充当金の会計仕訳の貸方総額の一部となりますので、上記別表四でその総額を加算（留保）した金額及び上記別表五㈠の「納税充当金」「増」欄に移記された金額の一部となります。

ホ　過少加算税100円を現金で納付した場合

次のような会計仕訳が行われます。

　　納税充当金 100円 ／ 現金 100円

これを次のような2つの会計仕訳の合成と考えます。

　　納税充当金 100円 ／ 益金 100円　**及び**　損金 100円 ／ 現金 100円

　前仕訳については、納税充当金の益金算入否認の税務処理を行います。この納税充当金金額は、上記納税充当金の会計仕訳の借方総額の一部となりますので、上記別表四でその総額を減算（留保）した金額及び上記別表五㈠の「納税充当金」「減」欄に移記された金額の一部となります。

　後仕訳については、過少申告加算税が損金として計上されていますので、損金不算入の税務処理を行います。当該金額は流出項目となりますので、次のような別表四の調理が必要となります。

　別表五㈠の記載は勿論不要です。

（別表四）

単位　円

区　分		総　額	処　分	
			留　保	社外流出
		①	②	③
加算	過少申告加算税　10	100		100

ヘ　過少申告加算税の還付金100円が現金で入金された場合

次のような会計仕訳が行われます。

　　現金 100円 ／ 納税充当金 100円

これを次のような2つの会計仕訳の合成と考えます。

　　現金 100円 ／ 益金 100円　**及び**　損金 100円 ／ 納税充当金 100円

　前仕訳については、過少申告加算税が益金として計上されていますので、益金不算入の税務処理を行います。納付した過少申告加算税の金額は流出項目として処理されていましたので、その還付金は別表四で流出項目として処理することとなります。そこで、次のような別表四の調理が必要となります。

別表五㈠の記載は勿論不要です。

（別表四）

単位　円

区　　　分		総　額	処　　分	
			留　保	社外流出
		①	②	③
減算	過少申告加算税　10	100		100

　後仕訳については、納税充当金の損金算入否認の税務処理を行います。この納税充当金金額は、上記納税充当金の会計仕訳の貸方総額の一部となりますので、上記別表四でその総額を加算（留保）した金額及び上記別表五㈠の「納税充当金」「増」欄に移記された金額の一部となります。

ト　前期に仮払した法人税100円を当期に納税充当金で消去する場合

　次のような会計仕訳が行われます。

　　納税充当金 100円　／　仮払税金 100円

　この会計仕訳は、別表五㈠だけで調理する考え方もありますが、ここでは、上述したように、納税充当金の借方及び貸方総額は、別表四を通して処理する方法をとりますので、次のような２つの会計仕訳の合成と考えます。

　　納税充当金 100円　／　益金 100円　及び　損金 100円　／　仮払税金 100円

　前仕訳については、納税充当金の益金算入否認の税務処理を行います。

　この納税充当金金額は、上記納税充当金の会計仕訳の借方総額の一部となりますので、上記別表四でその総額を減算（留保）した金額及び上記別表五㈠の「納税充当金」「減」欄に移記された金額の一部となります。

　後仕訳については、仮払税金という資産項目を損金算入により消滅させる税務処理、つまり、仮払税金の損金算入否認の税務処理を行います。したがって、次のような別表四及び別表五㈠の調理が必要となります。

（別表四）

単位　円

区　　分			総　額	処　　分	
				留　保	社外流出
			①	②	③
加算	仮払税金消去	10	100	100	

（別表五㈠）

単位　円

区　　分		期首現在利益積立金額	当期の増減		差引翌期首現在利益積立金額 ①－②＋③
			減	増	
		①	②	③	④
仮払税金	20	△100	△100		0

46

(3) 仮払税金の税務処理

イ　前期の法人税等100円を当期に現金で納付し、仮払税金で会計処理した場合

この会計仕訳は、次のようになります。

仮払税金 100円 ／ 現金 100円

これを法人税法上、別表四及び別表五㈠では、次のように調理します。

別表四　所得金額の計算に関する明細書

単位　円

区　　分		総　額	処　　分	
			留　保	社外流出
		①	②	③
加算	損金経理をした法人税及び地方法人税（附帯税を除く） 2	100	100	

単位　円

区　　分		総　額	処　　分	
			留　保	社外流出
		①	②	③
減算	仮払税金認容 20	100	100	

47

別表五(一)　利益積立金額及び資本金等の額の計算に関する明細書

単位　円

区　　分		期首現在利益積立金額	当期の増減		差引翌期首現在利益積立金額 ①－②＋③
			減	増	
		①	②	③	④
仮　払　税　金		10		△ 100	△ 100
未納法人税等（退職年金等積立金に対するものを除く。）	未納法人税及び未納地方法人税（附帯税を除く）	28	△ 100	中間 △××	△××
				確定 △××	
	未納道府県民税（均等割額を含む。）	29	△××	中間 △××	△××
				確定 △××	
	未納市町村民税（均等割額を含む。）	30	△××	中間 △××	△××
				確定 △××	
差引合計額		31			

〈解説〉

　この考え方は、仮払税金 100円　／　現金 100円の仕訳を次のように分解して行ったものとして理解します。

　仮払税金 100円　／　雑益（益金）100円　**及び**

　法人税等（損金）100円　／　現金 100円

　前仕訳は、益金計上された仮払税金を税務上益金不算入の調理を行いますので、上記のように別表四で減算（留保）し同額を別表五(一)に移記します。

　後仕訳は、損金処理された法人税等を税務上損金不算入の調理を行いますので、上記のように別表四で加算（留保）し同額を別表五(一)に移記します。

　前仕訳の税務処理は、やや分かりづらいので解説します。

まず、仮払税金を益金として計上したこととなるので、税務上否認します。その税務処理として、次のような税務仕訳を行うこととなります。

雑益（益金）100円 ／ 仮払税金 100円

この借方は、言い換えれば、仮払税金の損金算入と同じこととなりますので、実務上、「仮払税金認容」という用語を一般的には使用して、別表四で減算（留保）します。

その理由は、仮払税金 100円 ／ 現金 100円の税務仕訳の考え方の違いにあります。つまり、本仕訳を税務上、仮払税金を強制的に損金算入（「仮払税金認容」四表減算（留保））し、それを税務否認（「法人税等の損金不算入」四表加算（留保））するということを想定していると思われます。

結果として、どちらの考え方によっても税務処理は同じになります。

ロ　翌期に上記の仮払税金100円を損金経理で消却した場合

この会計仕訳は、次のようになります。

法人税等（損金）100円 ／ 仮払税金 100円

企業会計上、仮払税金を損金処理したので、税務上否認することとなります。

そこで、別表四及び別表五㈠の調理は次のようになります。

別表四　所得金額の計算に関する明細書

単位　円

区　　分			総　額	処　　分	
				留　保	社外流出
			①	②	③
加算	損金経理した仮払税金否認	10	100	100	

別表五㈠ 利益積立金額及び資本金等の額の計算に関する明細書

単位 円

区　　分		I　利益積立金額の計算に関する明細書			
		期首現在利益積立金額	当期の増減		差引翌期首現在利益積立金額 ①－②＋③
			減	増	
		①	②	③	④
仮　払　税　金	10	△ 100	△ 100		0

ハ 翌期に上記の仮払税金100円を納税充当金で消却した場合

この会計仕訳は、次のようになります。

納税充当金 100円 ／ 仮払税金 100円

これを法人税法上、別表四及び別表五㈠では、次のように調理します。

別表四 所得金額の計算に関する明細書

単位 円

区　　分		総　額	処　分	
			留　保	社外流出
		①	②	③
加算	仮払税金の損金算入否認	10	100	100	

単位 円

区　　分		総　額	処　分	
			留　保	社外流出
		①	②	③
減算	納税充当金の益金算入否認（別表四における記載は「納税充当金から支出した事業税等の金額」）	13	100	100	

別表五㈠ 利益積立金額及び資本金等の額の計算に関する明細書

単位　円

区　　分		期首現在利益積立金額	当期の増減		差引翌期首現在利益積立金額①－②＋③
			減	増	
		①	②	③	④
仮　払　税　金	10	△ 100	△ 100		0
納　税　充　当　金	27	××	100	××	××

〈解説〉

　この考え方は、納税充当金100円 ／ 仮払税金100円の仕訳を次のように分解して行ったものとして理解します。

　納税充当金 100円 ／ 納税充当金の戻入（益金）100円　**及び**

　仮払税金の損金算入（損金）100円 ／ 仮払税金 100円

　前仕訳は、益金処理された納税充当金の戻入れ益を税務上益金不算入の調理を行いますので、上記のように、別表四で減算（留保）し同額を別表五㈠に移記します。

　「⑵ 納税充当金の税務処理」で記述したように、納税充当金は総額で税務処理をすることとなるので、この納税充当金も実務上はその一部となります。

　後仕訳は、損金処理された仮払税金を税務上損金不算入の調理を行いますので、上記のように別表四で加算（留保）し同額を別表五㈠に移記します。

最後に、ややむずかしい応用問題です。

二 仮払税金（納付中間法人税）の還付金額（1,000円）と未納税金（地方法人税）
の納付金額（150円）を相殺して次の会計仕訳を行った場合

現金　　　　850円　／　仮払税金 1,000円
納税充当金 150円　／

まず、この会計仕訳は、二つの会計仕訳が行われ、それらを合わせて会計仕
訳したものですので、次のように当初の会計仕訳に分解します。

① 現金　　　　1,000円　／　仮払税金 1,000円
② 納税充当金 150円　／　現金　　　　150円

上記①及び②の別表四及び別表五㈠の調理は次のようになります。

別表四　所得金額の計算に関する明細書

単位　円

区　　分			総　額	処　分	
				留　保	社外流出
			①	②	③
加算	損金経理した仮払税金否認	10	1,000	1,000	
	損金経理をした法人税及び地方法人税（附帯税を除く）	2	150	150	
減算	納税充当金から支出した事業税等	13	150	150	
	法人税等中間納付額に係る還付金額	18	1,000	1,000	

別表五㈠　利益積立金額及び資本金等の額の計算に関する明細書

単位　円

Ⅰ　利益積立金額の計算に関する明細書							
区　分		期首現在利益積立金額	当期の増減				差引翌期首現在利益積立金額 ①－②＋③
			減	増			
		①	②	③			④
仮　払　税　金	10	△1,000	△1,000				0
納　税　充　当　金	27			150			
未納法人税等（退職年金等積立金に対するものを除く。）	未納法人税及び未納地方法人税（附帯税を除く。）	28	1,000 △ 150	1,000 △ 150	中間	△××	△××
					確定	△××	
	未納道府県民税（均等割額を含む。）	29	△××	△××	中間	△××	△××
					確定	△××	
	未納市町村民税（均等割額を含む。）	30	△××	△××	中間	△××	△××
					確定	△××	
差引合計額	31						

〈解説〉

　上記①及び②に係る別表四及び別表五㈠の調理についてご説明します。

　　①　現金 1,000円　／　仮払税金 1,000円

　この会計仕訳は、仮払税金が還付されたことから行った会計処理で、次のように分解して考えます。

　　現金 1,000円　／　還付金収入（益金）1,000円**及び**

　　仮払税金認容（損金）1,000円　／　仮払税金 1,000円

前仕訳は、納付中間法人税の還付金収入（益金）の否認を別表四で行い、同額を別表五㈠に移記します。

（別表四減算（留保）1,000円）→別表五㈠

後仕訳は、仮払税金認容（損金）の否認を別表四で行い、同額を別表五㈠に移記します。

（別表四加算（留保）1,000円）→別表五㈠

②　納税充当金 150円 ／ 現金 150円

この会計仕訳は、法人税等を納付したことから行った会計処理で、次のように分解して考えます。

納税充当金 150円 ／ 納税充当金戻入れ益（益金）150円　**及び**

中間納付法人税（損金）150円 ／ 現金 150円

前仕訳は、納税充当金戻入れ益（益金）の否認を別表四で行い、同額を別表五㈠に移記します。

（別表四減算（留保）150円）→別表五㈠

「⑵　納税充当金の税務処理」で記述しましたように、納税充当金は総額で税務処理することとなりますので、この納税充当金も実務上はその一部となります。

後仕訳は、損金算入法人税等（損金）の否認を別表四で行い、同額を別表五㈠に移記します。

（別表四加算（留保）150円）→別表五㈠

なお、上記受領した法人税等の還付金額については、28頁と29頁で記述した発生還付金額と同様に、実務では、「未納法人税等」の欄ではなく、これより上の欄に別途記載する方法をとっている会社も多くあり、どちらも正解で、会社にとって分かりやすい方法を選択されればよいでしょう。

⑷ 法人税から控除する所得税額の税務処理

　法人税の控除対象の所得税額は、受取利子や受取配当金などを収受した時に発生する源泉所得税です。損金経理する場合と仮払経理する場合があります。

《実例》

　100,000円の受取利子を受け取ることとなり、そこから所得税額（復興特別所得税を含む。）15,315円が差し引かれ、差額84,685円の現金が入金された。

イ　所得税額15,315円を損金経理した場合

　この場合の会計仕訳は、次のようになります。

　　現金　　　　　　　84,685円　／　受取利子 100,000円
　　所得税額（損金）15,315円　／

　上記の源泉された所得税額について、法人税の税額控除を選択するため、別表四で次の調理が必要となります。

別表四　所得金額の計算に関する明細書

単位　円

区　　分		総　　額 ①	処　　分	
			留　保 ②	社外流出 ③
加算	法人税額から控除される所得税額　29	15,315		その他　15,315

〈解説〉

　上記のように、別表四で加算するのは、この源泉所得税について法人税法第68条第1項（所得税額の控除）の適用を受けるためには、法人税法第40条（法人税額から控除する所得税額の損金不算入）により損金の額に算入しないとされているからです。なお、この金額は、支払済みのため流出項目となりますので、別表五㈠の記入は要しませんし、特定同族会社の留保所得金額の対象にもなりません。

ロ 所得税額15,315円を仮払経理した場合

この場合の会計仕訳は、次のようになります。

現金　　　　　　　　　84,685円　　／　受取利子 100,000円

仮払金（所得税額）15,315円　／

上記の源泉された所得税額について、法人税の税額控除を選択するため、別表四で次の調理が必要となります。

別表四　所得金額の計算に関する明細書

単位　円

区　　分		総　額	処　　分		
			留　保	社外流出	
		①	②	③	
加算	法人税額から控除される所得税額	29	15,315	その他	15,315
減算	仮払金の損金認容	20	15,315	15,315	

別表五(一)　利益積立金額及び資本金等の額の計算に関する明細書

単位　円

I　利益積立金額の計算に関する明細書				
区　　分	期首現在利益積立金額	当期の増減		差引翌期首現在利益積立金額 ①－②＋③
		減	増	
	①	②	③	④
仮　払　税　金	10			△15,315	△15,315

〈解説〉

この税務処理は、上記イで所得税額15,315円を損金経理した場合で説明した理由と全く同様です。当該所得税額が仮払金として会計仕訳されているため、別表四の調理はしなくとも、別表一で税額控除ができるように思われますが、

当該仮払金を流出処理としなければならないので、上記のような別表四及び別表五㈠の調理が必要となります。

（留意事項）

1 この源泉所得税の金額は、納付することとなる法人税の一部を構成するように思われますが、法人税法施行令第9条第1項第1号ヌの「法人税として納付することとなる金額等」に該当しないことから、別表五㈡の法人税の「当期発生税額」②に含まれないこととなっています。つまり、別表五㈡の法人税の「当期発生税額」②には、当期確定中間法人税額（当期に納付すべき中間法人税額）と当期末確定法人税額（翌期に納付すべき法人税額）を記入することとなっているのです。

2 この源泉所得税について、法人税法第68条第1項（所得税額の控除）の適用を受けない選択を当該法人がした場合には、当該所得税額は、法人の所得金額の計算上、損金の額に算入することとなります。つまり、上記事例イ及びロにおいて、法人税法第68条第1項の適用を受けない選択をした場合には、当該所得税額が損金経理されている上記イでは、別表上の調理は不要ですが、上記ロでは仮払金として会計仕訳されているので、別表四で減算（留保）を行うこととなります。

2　減価償却費に係る税務処理

　減価償却費資産については、各事業年度末に有する当該減価償却資産を償却費として損金経理した場合、その金額（以下、「損金経理額」という。）のうち、法人税法で規定された方法で計算した金額（以下、「償却限度額」という。）に達する金額までの金額を損金として認めています（法法31①）。

　そこで、損金経理額から償却限度額を超えた金額については、償却超過額として、別表十六に計算過程とともにその金額を記載し、当該金額を別表四（加算（留保））と別表五㈠に記載することとなります。

　実例をあげて説明しますが、別表十六の記載は省略します。

《実例》

事業年度（平成29年 4 月 1 日～平成30年 3 月31日）

①　減価償却資産（食料品製造業用設備でリース資産ではない。）

②　取得価額　50,000,000円

　　（平成29年 4 月に取得し、同月に事業の用に供した）

③　税務上の耐用年数　10年

④　税務上の償却方法及び償却率　　　　定率法で0.2

⑤　税務上の償却限度額　　　　50,000,000×0.2＝10,000,000円

⑥　当期（平成29年 4 月～平成30年 3 月）において会計上の減価償却費（費用）として損金経理した金額　12,000,000円

　以上の実例について、税務上、次の計算で2,000,000円の償却超過額が算出されます。

　　12,00,000円－10,000,000円＝2,000,000円

　したがって、上記事例に係る別表四と別表五㈠の調理は次のようになります。

別表四　所得金額の計算に関する明細書

単位　円

区　分		総　額	処　分	
			留　保	社外流出
		①	②	③
加算	減価償却の償却超過額 6	2,000,000	2,000,000	

別表五㈠　利益積立金額及び資本金等の額の計算に関する明細書

単位　円

I　利益積立金額の計算に関する明細書				
区　分	期首現在利益積立金額	当期の増減		差引翌期首現在利益積立金額 ①－②＋③
		減	増	
	①	②	③	④
減価償却の償却超過額 10			2,000,000	2,000,000

　次に、上記事例に係る減価償却資産について、翌期（平成30年4月1日～平成31年3月31日）において償却費として企業会計上損金経理した金額が7,600,000円の場合の税務処理について説明します。

事業年度（平成30年4月1日～平成31年3月31日）

① 減価償却資産（食料品製造業用設備でリース資産ではない。）

② 取得価額　　　　　50,000,000円

　（平成29年4月に取得し、同月に事業の用に供した。）

③ 税務上の耐用年数　　10年

④ 税務上の償却方法及び償却率　定率法で0.2

⑤ 税務上の償却限度額　（50,000,000－10,000,000）×0.2＝8,000,000円

⑥ 翌期（平成30年4月1日～平成31年3月31日）において会計上の減価償却費（費用）として損金経理した金額　7,600,000円

⑦ 前期から繰り越された償却超過額　2,000,000円

　以上の実例について、税務上、次の計算で400,000円の償却超過額の認容額が算出されます。

　　8,000,000円－7,600,000円＝400,000円

　したがって、上記実例に係る別表四と別表五(一)の調理は次のようになります。

別表四　所得金額の計算に関する明細書

単位　円

区　　分		総　額	処　　分	
			留　保	社外流出
		①	②	③
減算	減価償却超過額の当期認容額	12	400,000	400,000	

別表五(一)　利益積立金額及び資本金等の額の計算に関する明細書

単位　円

Ⅰ　利益積立金額の計算に関する明細書					
区　　分		期首現在利益積立金額	当期の増減		差引翌期首現在利益積立金額 ①－②＋③
			減	増	
		①	②	③	④
減価償却の償却超過額	10	2,000,000	400,000		1,600,000

〈解説〉

　実務において、上記事例の減価償却に係る税務処理は、上記の別表四と別表五(一)の調理を行うこととされています。この税務処理について、多くの方が深く考えないで実務を行っていると思いますが、これについて、法人税法を丹念に読みますと、若干の疑問が生じることと思います。では、ご説明します。

翌期（平成30年4月1日～平成31年3月31日）の税務処理の深い考え方

翌期における減価償却超過額の当期認容額の算出について、法人税法からひも解いてみたいと思います。奥深い考え方が内在していますので。

翌期における「償却費として損金経理した金額」（法法31①・④）は、次の計算式で算定した金額となります。

7,600,000（翌期において企業会計上、減価償却費（費用）として計上した金額）

＋2,000,000（前年度に企業会計上、減価償却費（費用）として計上した金額（損金経理額）のうち前年度に損金の額に算入されなかった金額（別表四で加算（留保）されている金額）は、法人税法第31条第4項で法人税法第31条第1項の損金経理額に含まれるとされているので、当該金額を別表四で減算（留保）した金額）

＝9,600,000円

また、翌期における「税務上の償却限度額」（法法31①、法令48の2①一・二及び減価償却資産の耐用年数等に関する省令別表十）は、次の計算式で算定した金額となります。

（50,000,000－（12,000,000－2,000,000））×0.2＝8,000,000円

したがって、「償却超過額」は、次の計算式で算定されます。

9,600,000－8,000,000円＝1,600,000円（別表四で加算（留保））

ここまでで、今までの実務とは異なるので、違和感を持たれる方もあるかもしれませんが、最後まで読んでいただければ、実務のやり方との方法論の違いだけで、課税所得の算定上では一致することをご理解いただけるものと思っております。

今までのことを次の簡単な図解を通してご説明します。

〈30/3期の税務処理の図解〉

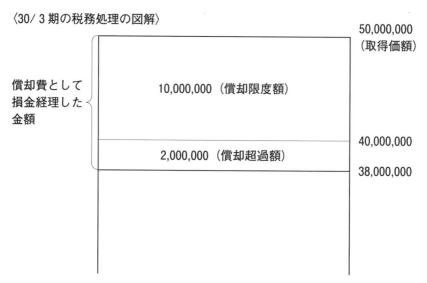

30/3期の「償却費として損金経理した金額」（企業会計上の減価償却費）

	12,000,000円
30/3期の「償却限度額」	10,000,000円
30/3期の「償却超過額」	2,000,000円

〈31/3期の税務処理の図解〉

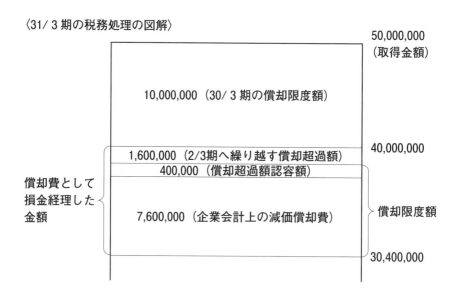

31／3期の「償却費として損金経理した金額」	9,600,000円
31／3期の「税務上の償却限度額」	8,000,000円
31／3期の「償却超過額」（2／3期へ繰り越す償却超過額）	1,600,000円

（注）西暦2019年5月1日に改元が行われ、同日から元号が令和となりましたので、この図解以降において、翌年の西暦2020年は、令和2年となり、同年3月期を「2／3期」とし、平成30年3月期は「30／3期」、平成31年3月期は「31／3期」としています。

　それでは、実務ではどのように考えて税務処理を行っているかを説明します。

　30／3期の「償却費として損金経理した金額」として別表四で減算（留保）した金額2,000,000円と30／3期の「償却超過額」として別表四で加算（留保）した金額1,600,000円を相殺し、差額400,000円を別表四で減算（留保）することとしています。つまり、実務では、別表四における両建ての税務処理は行わず、その差額の税務処理だけを行っています。

　別表十六を見ていただければおわかりのように（65頁「別表十六㈠」（囲み部分）を参考にして下さい。）、「償却不足額」（当該期の償却限度額が当該期の償却額（企業会計上の減価償却費）を超える金額）（8,000,000－7,600,000＝400,000円）が算出され、さらに、「前期からの繰越償却超過額」2,000,000円があり、2,000,000円＞400,000円の場合には、当該償却不足額400,000円を当該償却超過額の「当期損金認容額」として記載することとされています。そこで、当該400,000円は別表四で減算（留保）することとなります。

　どちらの方法を取っても、課税所得の算定は同一ですから、問題はないのですが、実務上、別表十六は後者の差額記載方式で行うこととされていますので、この様式を使われることが無難かと思われます。

　ただし、以上述べた法人税法上の考え方は、現行の別表十六を記載する上でも逸脱することはできませんから、その記載に際し、実務上、31／3期において留意すべき点をご説明します。

　別表四で減算（留保）する31／3期の償却超過額認容額は、任意の金額ではなく、400,000円としなければなりません。

　なぜならば、本件においては、法人税法上、31／3期において「償却費として

損金経理した金額」(9,600,000円)(企業会計上、損金経理した金額7,600,000円と30/3期から繰り越された償却超過額全額を別表四で減算（留保）した2,000,000円の合計金額）が「償却限度額」(8,000,000円) を超えているので、別表四で1,600,000円を否認（加算（留保））しなければなりません。

　実務では、この両者（別表四で減算（留保）した2,000,000円と別表四で加算（留保）した1,600,000円）を相殺した差額400,000円を別表四で減算（留保）することとしていますので、法人税法上の考え方が見えにくくなっていますが、相殺される前の税務処理は、強制処理であることを理解していただければ、31/3期における償却超過額の「当期損金認容額」400,000円は、任意の金額ではなく、相殺後の差額（31/3期における「償却不足額」400,000円）としなければならないことがお分かりいただけたかと思います。

　もし、償却超過額の「当期損金認容額」が400,000円以下であれば税務上の認容の処理を、400,000円以上であれば、税務上の否認の処理を行わなければなりません。

　以上の考え方は、参考資料として掲載した税務通信No.3388「減価償却資産を適格現物分配の資産とする剰余金の配当を行った場合の税務処理」にも記載しておりますので、参照していただければ幸いです。

① 旧定額法又は定額法による減価償却資産の償却額の計算に関する明細書

事業年度又は連結事業年度	30・4・1　31・3・31	法人名	（　　　×　×　×　　　）

資産区分	種類	1					
	構造	2					
	細目	3					
	取得年月日	4	・ ・	・ ・	・ ・	・ ・	・ ・
	事業の用に供した年月	5					
	耐用年数	6	年	年	年	年	年
取得価額	取得価額又は製作価額	7	外　　　円	外　　　円	外　　　円	外　　　円	外　　　円
	圧縮記帳による積立金計上額	8					
	差引取得価額 (7)－(8)	9					
帳簿価額	償却額計算の対象となる期末現在の帳簿記載金額	10					
	期末現在の積立金の額	11					
	積立金の期中取崩額	12					
	差引帳簿記載金額 (10)－(11)－(12)	13	外△	外△	外△	外△	外△
	損金に計上した当期償却額	14					
	前期から繰り越した償却超過額	15	外	外	外	外	外
	合計 (13)＋(14)＋(15)	16					
平成19年3月31日以前取得分	残存価額	17					
	差引取得価額×5% (9)×5/100	18					
	旧定額法の償却額計算の基礎となる金額 (9)－(17)	19					
	旧定額法の償却率	20					
(16)＞(18)の場合	算出償却額 (19)×(20)	21	円	円	円	円	円
	増加償却額 (21)×割増率	22	（　　　）	（　　　）	（　　　）	（　　　）	（　　　）
	計 (21)＋(22)又は(16)－(19)	23					
(16)≦(18)の場合	算出償却額 (18)－1円)×60	24					
平成19年4月1日以後取得分	定額法の償却額計算の基礎となる金額 (9)	25					
	定額法の償却率	26					
	算出償却額 (25)×(26)	27	円	円	円	円	円
	増加償却額 (27)×割増率	28	（　　　）	（　　　）	（　　　）	（　　　）	（　　　）
	計 (27)＋(28)	29					
当期分の償却限度額等	当期分の普通償却限度額等 (23)、(24)又は(29)	30					
	特別償却又は割増償却　租税特別措置法適用条項	31	条　項　（　　）	条　項　（　　）	条　項　（　　）	条　項　（　　）	条　項　（　　）
	特別償却限度額	32	外　　　円	外　　　円	外　　　円	外　　　円	外　　　円
	前期から繰り越した特別償却不足額又は合併等特別償却不足額	33					
	合計 (30)＋(32)＋(33)	34	8,000,000				
当期償却額		35	7,600,000				
差引	償却不足額 (34)－(35)	36	400,000				
	償却超過額 (35)－(34)	37					
償却超過額	前期からの繰越額	38	外 2,000,000	外	外	外	外
	当期損金容認額　償却不足によるもの	39	400,000				
	積立金取崩しによるもの	40					
	差引合計翌期への繰越額 (37)＋(38)－(39)－(40)	41	1,600,000				
特別償却不足額	翌期に繰り越すべき特別償却不足額 ((36)－(39))と((32)・(33))のうち少ない金額	42					
	当期において切り捨てる特別償却不足額又は合併等特別償却不足額	43					
	差引翌期への繰越額 (42)－(43)	44					
	翌期繰越額の内訳	・・・	45					
	当期分不足額	46					
	適格組織再編成により引き継ぐべき合併等特別償却不足額 ((36)－(39))と(32)のうち少ない金額	47					

備考

4 複雑な事例

1 みなし配当に係る税務処理

　みなし配当とは、配当とみなすことです。つまり、配当ではないが、法人税法上においては、法人税法第23条（受取配当等の益金不算入）の配当とみなして課税処理を行うものです。このみなし配当は現行の法人税では、法人税法第24条（配当等の額とみなす金額）において、7項目の事由によるものが列記されています（法法24①一～七）。

　これらの内、同法第四号における「資本の払戻し」及び「解散による残余財産の分配」で生ずるみなし配当に係る別表四及び別表五㈠の調理について、実例を挙げて説明します。

(1)　資本の払戻し

《実例》

　A法人は、株主総会において、資本剰余金（30,000千円）から配当する旨の決議を行い、それを実行した。

　なお、当該資本剰余金を受領した者（個人又は法人）についての会計仕訳及びその税務処理は省略する。

★A法人

〈会計仕訳〉

資本剰余金 30,000千円	現預金	27,958千円
	預り金（源泉所得税）	2,042千円

〈税務処理〉

資本金等の額	20,000千円	現預金	27,958千円
利益積立金額（みなし配当）	10,000千円	預り金（源泉所得税）	2,042千円

　なお、現行の所得税法（東日本大震災に係る特別措置法を含む。）では、みなし配当は、「配当所得」とされ（所法25）、源泉所得税の対象とされています（所法212③）。

上記の税務処理について、A法人のB/S等を記載して解説します。

資本剰余金からの配当直前の会計上B/S　（単位　千円）

資本の払戻し金 30,000	負債 400,000
資産 700,000	資本金等の額 200,000
	資本剰余金の額の減少額 30,000
	利益積立金額 100,000

○　法令23①四（みなし配当を計算するための払戻等対応資本金額等の計算）

$$200{,}000千円（資本金等の額）\times\frac{30{,}000千円（資本剰余金の額の減少による資本の払戻額）}{300{,}000千円（純資産額）}$$

＝20,000千円（払戻等対応資本金額等）

○　法法24①四（みなし配当）

30,000千円（資本の払戻額）－20,000千円（払戻等対応資本金額等）

＝10,000千円（みなし配当）

資本剰余金からの配当直後の税務上B/S　（単位　千円）

資産 670,000	負債 400,000
	資本金等の額 180,000
	利益積立金額 90,000

〈解説〉

　資本剰余金の額からの払戻金は、法人税法上は全額が資本金等の額からではなく、上記計算によりその一部は、利益積立金額からの払戻しとみなされます。この金額が法人税法第24条に規定するみなし配当となります。その計算は、いわゆるプロラタ方式（資本金等の額と利益積立金額との比例配分）で行いますので、上記按分計算により、まず、払戻等対応資本金額等を算出し、その後、資本の払戻額から当該金額を控除した残額がみなし配当となります。したがって、配当直後の税務上のB/Sは上記の図のようになります。

　これらについての別表四及び別表五㈠の税務処理は、みなし配当について、通常の剰余金の配当と同様の調理が必要で、次のようになります。ただし、別表五㈠の区分表示は、「資本剰余金」となります。

　なお、実務上「別表五㈠Ⅱ資本金等の額の計算に関する明細書」における記載も必要ですが、本書では省略します。

（別表四）　　　　　　　　　　　　　　　　　　　　　　　単位　千円

区　　　分		総　　額	処　　分		
			留　保	社外流出	
		①	②	③	
当期利益の額	1		△10,000	配　当	10,000
				その他	

（別表五㈠）

Ⅰ　利益積立金額の計算に関する明細書　　　　　　　　　単位　千円

区　　　分		期首現在利益積立金額	当期の増減		差引翌期首現在利益積立金額 ①－②＋③
			減	増	
		①	②	③	④
資本剰余金	27			△10,000	△10,000

(2)　解散による残余財産の分配

《実例》

　　A法人は、残余財産の確定後にその全部分配（80,000千円）を行い、その結果みなし配当（20,000千円）が生ずることとなり、その分配金額全額は、A法人の全株式を保有しているB法人に入金された。

　　なお、B法人が所有するA法人株式の取得価額は、90,000千円である。

★A法人

〈会計仕訳〉

繰越損益金（みなし配当）	20,000千円	現預金	75,916千円
資本金等の金額	60,000千円	預り金（源泉所得税）	4,084千円

〈税務処理〉

　特になし。

　A法人の別表四及び別表五㈠の調理は、次のようになります。

（別表四）

単位　千円

区　　分		総　額	処　　分		
			留　保	社外流出	
		①	②	③	
当期利益の額	1		△20,000	配　当	20,000
				その他	

（別表五㈠）

Ⅰ　利益積立金額の計算に関する明細書

単位　千円

区　　分		期首現在 利益積立金額	当期の増減		差引翌期首現在 利益積立金額 ①－②＋③
			減	増	
		①	②	③	④
繰越損益金	27		20,000		

〈解説〉

　上記の別表四及び別表五㈠の調理については、通常の剰余金の配当と同様になりますので、特段の説明はしません。

★B法人

〈会計仕訳〉

現預金	75,916千円	A法人株式	90,000千円
租税公課	4,084千円		
株式消滅（譲渡）損失	10,000千円		

〈税務処理〉

現預金	75,916千円	A法人株式	90,000千円
租税公課	4,084千円	みなし配当	20,000千円
資本金等の額	30,000千円		

B法人についての税務処理は次のやり方も全く同様です。

資本金等の額	30,000千円	株式消滅（譲渡）損失	10,000千円
		みなし配当	20,000千円

B法人の別表四及び別表五㈠の調理は、次のようになります。

なお、実務上「別表五㈠Ⅱ資本金等の額の計算に関する明細書」における記載も必要ですが本書では省略します。

（別表四）

単位　千円

区　　分			総　額	処　　分	
				留　保	社外流出
			①	②	③
加算	株式消滅（譲渡）損失の損金不算入	9	10,000	10,000	
	みなし配当の益金算入額	10	20,000	20,000	
減算	受取配当等の益金不算入額	14	20,000		※ 20,000
法人税額から控除される所得税額		29	4,084		4,084

（別表五㈠）

Ⅰ　利益積立金額の計算に関する明細書

単位　千円

区　　分		期首現在利益積立金額	当期の増減		差引翌期首現在利益積立金額 ①－②＋③
			減	増	
		①	②	③	④
資本金等の額	3			30,000	30,000

〈解説〉

上記の別表五㈠の「資本金等の額」30,000千円は、B法人が解散等により消滅しない限り、半永久的に別表五㈠に残ることとなります。

A法人が残余財産をB法人に対して全部分配した結果に基づく上記の会計仕訳に係る税務処理は、次のイ、ロ、ハの法人税法が適用されたことによるものです。

イ　その分配金の内、A法人の資本金等の額を超える金額20,000千円がB法人に対するみなし配当（法法24①四）となります。

ロ　A法人株式の譲渡（法法61の2①、法規27の3①）となりますが、A法人株式の譲渡対価となる金額は、その譲渡原価に相当する金額され、A法人

株式の譲渡損益は発生しません（法法61の2⑰）。

ハ　次の算式で計算した金額は、B法人における資本金等の額の減算項目となります（法令8①二十二）。

資本金等の額の増減金額＝（みなし配当＋A法人株式の譲渡対価とされる金額（A法人株式の譲渡原価）（法法61の2⑰））－残余財産の分配金（源泉所得税を含む。）

この計算式でプラスの場合は、資本金等の額の減少となり、マイナスの場合には、資本金等の額の増加となります。

これは、言い換えると、残余財産の分配金（源泉所得税を含む。）からみなし配当を控除した譲渡対価とA法人株式の譲渡原価との差額（A法人株式の譲渡損益相当額）をB法人の資本金等にチャージしていることとなるのです。

本件を法令（法令8①二十二）に即した形で計算すると次のようになります。

みなし配当（20,000千円）（別表四で加算（留保））＋A法人株式の譲渡対価とされる金額（A法人株式の譲渡原価）（90,000千円）－残余財産の分配金（源泉所得税を含む。）（80,000千円）＝30,000千円

この30,000千円が資本金等の額にチャージする金額（資本金等の額の減算金額）となります。

したがって、上記イ、ロ、ハに係る別表四と別表五㈠の調理は、上記記載のとおりとなります。

なお、みなし配当に係る所得税額（4,084千円）は、法人税額から控除するため、当該金額は別表四で加算（流出）とします（法法68、法法40）。

上記B法人に係るイ、ロ、ハについては、巻末に掲載した税務通信No.3250「完全支配関係にある子会社の解散に伴う税務処理」も参考にしていただければ幸いです。

2 圧縮記帳に係る税務処理

　圧縮記帳とは、読んで字のごとくで、圧縮して記帳することです。つまり、企業が保有している資産の譲渡等によって実現した譲渡益等と同額（異なる場合もあります。）の圧縮損（代替取得資産の取得価額を減額（圧縮）等による損金）の計上が税務上認められていることからこのように呼ばれていると思われます。この税務処理は、企業のゴーイングコンサーンに基づき、当該譲渡益等の繰延べを行うことにあると言われています。

　圧縮記帳に係る会計仕訳及びその税務処理については、複雑で難しいとお考えの方が多いかと思いますが、これからの解説文を読んでいただき、その本質を理解すれば、間違えることなく実務処理が行えることと思いますので、税務処理の理由も含めてできるだけわかりやすく説明していきたい思います。

　圧縮記帳は、法人税法及び租税特別措置法で多岐にわたっておりますので、ここでは、実務で多く行われている租税特別措置法（以下、「措法」という。）第65条の7に規定されている「特定の資産の買換えの場合の課税の特例」及び措法第65条の8に規定されている「特定の資産の譲渡に伴い特別勘定を設けた場合の課税の特例」について、別表四及び別表五㈠の調理を中心に、実例を挙げて説明していきます。

　また、圧縮記帳の経理方法として、

① 帳簿価額を損金経理により直接減額する方法

② 確定した決算において積立金として積み立てる方法

③ 剰余金の処分により積立金として積み立てる方法

　以上の3方法が法人税法及び租税特別措置法で認められています。

　この内、企業会計との関連から、③ 剰余金の処分により積立金として積み立てる方法が実務では多く行われていますが、考え方としては① 帳簿価額を損金経理により直接減額する方法も重要なので、①と③による圧縮記帳について説明します。

《**実例**》

　　A法人は、昭和45年に30,000千円（時価）で取得したk土地を、平成29年
8月に100,000千円（時価）でB法人に売却した。その売却益を圧縮するた
め、買換資産として、措法第65条の7第1項第7号に適合し、措法第65条
の7第2項に規定する面積制限がないJ土地（取得価額は、120,000千円）を
平成30年5月に取得し、平成30年12月から事業の用に供することとなった。

　そこで、上記取引について、措法第65条の7及び措法第65条の8を適用して、
直接減額方式による場合の圧縮記帳と剰余金の処分により積立金として積み立
てる場合の圧縮記帳について説明します。

　A法人は、3月決算で、譲渡経費は考えないで（無視して）圧縮記帳を行いま
す。また、A法人とB法人の間には完全支配関係及び出資関係はありません。

(1) 帳簿価額を損金経理により直接減額する方法

事業年度（平成29年4月1日〜平成30年3月31日）

〈会計仕訳〉

現預金 100,000千円 ／ k 土地 30,000千円

k 土地売却益 70,000千円

圧縮特別勘定繰入損 56,000千円 ／ 圧縮特別勘定 56,000千円

（措法65の8①）。

（100,000×70％×80％＝56,000）

〈税務処理〉

これらに係る税務処理を行う必要はないので、別表四及び別表五㈠の調理は不要です。

事業年度（平成30年4月1日〜平成31年3月31日）

〈会計仕訳〉

圧縮損 56,000千円 ／ J 土地 56,000千円

（措法65の8⑦、措法65の7①）

（100,000×70％×80％＝56,000）

圧縮特別勘定 56,000千円 ／ 圧縮特別勘定戻入益 56,000千円

（措法65の8⑨、措令39の7㉟）

（100,000×70％×80％＝56,000）

〈税務処理〉

これらに係る税務処理も行う必要はないので、別表四及び別表五㈠の調理は不要です。

(2) 剰余金の処分により積立金として積み立てる方法

事業年度（平成29年4月1日～平成30年3月31日）

〈会計仕訳〉

現預金 100,000千円 ／ k 土地 30,000千円

k 土地売却益 70,000千円

繰越損益金 56,000千円 ／ 圧縮特別勘定 56,000千円（イ）

（100,000×70％×80％＝56,000）

〈税務処理〉

圧縮特別勘定同額認定損 56,000千円 ／ 圧縮特別勘定同額認定額 56,000千円（ロ）

（100,000×70％×80％＝56,000）

　この税務処理は、企業会計上、剰余金の処分により圧縮特別勘定として積み立てたこと（上記イ）で、当該金額と同額の課税所得を減少させること（上記ロ）（別表四で減算）としたものです（措法65の8①）。

〚平成30年3月期の会計仕訳及び税務処理に係る説明〛

　平成30年3月期において譲渡した土地に係る圧縮記帳対象の買替資産を取得できず、翌事業年度の平成31年3月期に取得し、事業の用に供する見込みとなりました。

　そこで、平成30年3月期において、措法65の8を適用して、特別勘定として積み立てる（剰余金の処分による方法）ことによりk土地売却益70,000千円の80％を圧縮することとし、上記のような会計仕訳及び税務処理を行いました。これに係る別表四及び別表五㈠の調理は次のようになります。

（別表四）

単位　千円

区　　分		総　額	処　　分	
			留　保	社外流出
		①	②	③
減算	圧縮特別勘定同額認定損 ⑦	56,000	56,000 (ロ)	

（別表五(一)）

Ⅰ　利益積立金額の計算に関する明細書

単位　千円

区　　分		期首現在利益積立金額	当期の増減		差引翌期首現在利益積立金額 ①－②＋③
			減	増	
		①	②	③	④
圧縮特別勘定	3			56,000 (イ)	56,000
圧縮特別勘定同額認定額	4			△56,000 (ロ)	△56,000
繰越損益金	27	××	(内56,000) (イ) ××	××	××

〈解説〉

　別表四の(ロ)は別表五(一)の(ロ)に移記されています。

　また、別表五(一)における(イ)は、別表五(一)内で振り替える税務処理となりますので、別表四の記入は不要です。

　なお、繰越損益金の(イ)は、繰越損益金の一部を構成しているので、実務では(内56,000) の記載は不要ですが、ここでは、理解をし易くするために記載しております。

事業年度（平成30年 4 月 1 日～平成31年 3 月31日）

　〈会計仕訳〉

　　繰越損益金 56,000千円 ／ 圧縮積立金 56,000千円 （A）

　　（100,000×70%×80%＝56,000）

　　圧縮特別勘定 56,000千円 ／ 繰越損益金 56,000千円 （B）

　　（100,000×70%×80%＝56,000）

　〈税務処理〉

①　圧縮積立金同額認定損 56,000千円 ／ 圧縮積立金同額認定額 56,000千円 （C）

②　圧縮特別勘定同額認定額 56,000千円 ／ 圧縮特別勘定同額認定損戻れ益 56,000千円 （D）

　①の税務処理は、企業会計上、剰余金の処分により圧縮積立金として積み立てたこと（上記A）で、当該金額と同額の課税所得を減少させること（上記C）（別表四で減算）としたものです（措法65の 8 ⑦、措法65の 7 ①）。

　②の税務処理は、企業会計上、剰余金の処分により圧縮特別勘定として積み立てた圧縮特別勘定の内、当該圧縮記帳の買換資産に係る金額を取り崩したこと（上記B）により益金算入させること（上記D）（別表四で加算）としたものです（措法65の 8 ⑨、措令39の 7 ㊴）。

〚平成31年 3 月期の会計仕訳及び税務処理に係る説明〛

　平成30年 3 月期において、圧縮特別勘定を設定することで、当該 k 土地売却益70,000千円の80%を圧縮することができました。その後、平成31年 3 月期に買換資産を取得し事業の用に供することとなったので、本来の圧縮記帳を行うこととし、平成30年 3 月期に計上した利益の80%相当を平成31年 3 月期において繰り延べるための圧縮記帳の税務処理を行ったのが、上記前段の会計仕訳及びその税務処理となります（A・C）。

　したがって、これに対応する平成30年 3 月期に行った特別勘定による圧縮記帳は不要となるため、圧縮特別勘定の戻れ益を計上し、特別勘定による圧縮

記帳の税務処理がなかったこととしたのが上記後段の会計仕訳及び税務処理となります（B・D）。

　上記会計仕訳及び税務処理に係る別表四及び別表五(一)の調理は次のようになります。

（別表四）

単位　千円

区　　分			総　額	処　　分	
				留　保	社外流出
			①	②	③
加算	圧縮特別勘定同額認定損戻入れ益	7	56,000	56,000 (D)	
減算	圧縮積立金同額認定損	20	56,000	56,000 (C)	

（別表五(一)）

I　利益積立金額の計算に関する明細書

単位　千円

区　　分		期首現在利益積立金額	当期の増減		差引翌期首現在利益積立金額①−②+③
			減	増	
		①	②	③	④
圧縮積立金				56,000 (A)	56,000
圧縮積立金同額認定額	3			△56,000 (C)	△56,000
圧縮特別勘定		56,000	56,000 (B)		0
圧縮特別勘定同額認定額	4	△56,000	△56,000 (D)		0
繰越損益金	27	××	(内56,000)(A)××	(内56,000)(B)××	××

〈解説〉

　別表四の(D)は別表五(一)の(D)に、別表四の(C)は別表五(一)の(C)にそれぞれ移記されています。

　また、別表五(一)における(A)及び(B)は、別表五(一)内で振り替える税務処理と

なりますので、別表四の記入は不要です。

　なお、繰越損益金の(A)及び(B)は、繰越損益金の一部を構成しているので、実務では（内56,000）の記載は不要ですが、ここでは、理解をし易くするために記載しております。

《補足》

　上記実例の圧縮対象資産は、土地（非償却資産）ですが、これが建物などの減価償却資産の場合においては、圧縮損計上後の当該資産に係る減価償却費について留意する必要があります。

　何故ならば、圧縮された減価償却資産の対応部分については、法人税法上、減価償却はされていませんが、圧縮された減価償却資産の対応部分に係る減価償却限度額は、毎期実現しているものと考える税務処理を行うこととなるからです。つまり、圧縮記帳で繰り延べられた利益が、毎期当該金額だけ実現していくこととなるのです。

　具体的には、帳簿価額を直接減額する方法では、何ら税務処理は必要ありません（厳密には、圧縮された減価償却資産の対応部分に係る当期減価償却限度額実現損××／圧縮損取戻し益××という税務仕訳による税務処理が必要と考えます。）が、剰余金処分により積立金として積み立てる方法では、圧縮された減価償却資産の対応部分に係る当期減価償却限度額実現損（企業会計上は、減価償却費として計上されます。）を当該積立金から取り崩すこととなる（企業会計上の会計仕訳は、次のようになります。圧縮積立金××／繰越損益金××）ので、それに係る別表四及び別表五(一)の調理が必要となります。

＊　**圧縮記帳を理解するための原点**

　圧縮記帳の方法は、実務では、企業会計との整合性の問題から「剰余金の処分」による方法で多く行われています。しかし、圧縮記帳の方法の原点は、始めに説明しましたように「帳簿価額を損金経理により直接減額する方法」にあります。よくわからなくなった時は、この方法に戻って考えることが重要です。取得資産について評価減をする場合もあるでしょうし、何らかの間違いもある

でしょうが、すべて、直接減額の方法による課税所得の増減と一致してくることを理解しておくと圧縮記帳も極めてシンプルなものとなるでしょう。

3 完全支配関係がある内国法人間の取引の譲渡損益、寄附金（受贈益）及び寄附修正に係る税務処理

平成22年度税制改正において、完全支配関係（注1）がある内国法人間の取引等について大きな改正（「グループ法人税制」といわれています。）が行われましたが、その内、

① 完全支配関係がある内国法人間における譲渡損益調整資産（注2）の譲渡利益額（注3）又は譲渡損失額（注3）の繰延

② 完全支配関係がある内国法人間における寄附金（受贈益）の損金（益金）不算入

③ 法人が完全支配関係にある法人（以下、「子法人」という。）の株式等を有する場合、当該子法人において寄附修正事由（注4）に該当する事実が発生した場合の当該子法人株式に係る寄附修正

について、これらに係る取引の実例を挙げて、それに係る別表四及び別表五㈠の調理を含めた税務処理について解説します。

その前に、上記①、②及び③について詳しく説明します。

・上記①

内国法人が有する譲渡損益調整資産をその内国法人との間に完全支配関係がある他の内国法人に譲渡した場合には、その譲渡損益調整資産に係る譲渡利益額又は譲渡損失額に相当する金額は、その譲渡した事業年度の所得の計算上、損金の額又は益金の額に算入する。つまり、譲渡の時点では譲渡利益額又は譲渡損失額は認識しない（繰り延べる）こととされています（法法61の13①）。

・上記②

内国法人が各事業年度において、その内国法人との間に完全支配関係がある他の内国法人に対して支出した寄附金の額は、その支出した内国法人の各事業年度の損金の額に算入しないこととされています。（法法37②）。逆に、内国法人が各事業年度において、その内国法人との間に完全支配関係がある他の内国法人から受けた受贈益の額は、その受贈益を受けた内国法人の各事業年度の益金の額に算入しないこととされています。（法法25の2）。

・上記③

　　法人が株式等を有する子法人において寄附修正事由が発生した場合、当該子法人の受贈益（又は寄附金）の額に持分割合を勘案した金額を、当該法人の利益積立金額に加算（又は減算）するとともに、当該子法人の株式については、その寄附修正事由が生じた時の直前の株式の帳簿価額に加算（又は減算）することとされています（法令9①七、法令119の3⑥）。

（注1）完全支配関係（法法2の十二の七の六）

　　一の者が法人の発行済株式等の全部を直接又は間接に保有する関係（当事者間の完全支配の関係）及び一の者との間に当事者間の完全支配の関係がある法人相互の関係

（注2）譲渡損益調整資産（法法61の13①、法令122の十四①）

　　固定資産、土地（土地の上に存する権利を含み、固定資産に該当するものを除く。）、有価証券、金銭債権及び繰延資産（法法61の13①）。

ただし、上記の資産のうち、次の資産は除かれます。

①　売買目的有価証券

②　その譲渡を受けた他の内国法人において売買目的証券とされる有価証券

③　その譲渡の直前の帳簿価額が1,000万円に満たない資産

また、土地以外の棚卸資産は、対象外となっていることにも注意して下さい。

（注3）譲渡利益額又は譲渡損失額（法法61の13①）

　　「譲渡利益額」又は「譲渡損失額」は、それぞれ「その譲渡に係る収益（平成30年の税制改正前は「対価」）の額が原価の額を超える場合におけるその超える部分の金額又はその譲渡に係る原価の額が収益（平成30年の税制改正前は「対価」）の額を超える場合におけるその超える部分の金額」と規定されておりますが、そこにおける**収益（平成30年の税制改正前は「対価」）**の額は、実際に収受した金銭等の額ではなく、譲渡時の当該資産の**価額（時価）**となります（平成22年8月10日に国税庁の発表した、質疑応答事例の問10【解説】1(1)）ので、譲渡時の価額（時価）が取得価額（原価）を超える場合におけるその超える金額又はその取得価額（原価）が譲渡時の価額（時価）を超える場合におけるその

超える部分の金額となります。

このことは、以下の実例でも多用されますので、しっかりと理解していただきたいと思います。

（注4）寄附修正事由

子法人が次の事実に該当したこと。

① 子法人が完全支配関係のある他の内国法人から益金不算入の対象となる受贈益の額を受けたこと（法法25の2①）

② 子法人が完全支配関係のある他の内国法人に対して損金不算入の対象となる寄附金の額を支出したこと（法法37②）

《実例》

内国法人A社が、完全支配関係にある他の内国法人B社（A社によってB社株式の100％が所有されている法人）に対して、譲渡損益調整資産（本件では、土地（非償却資産）という。）を譲渡した場合、グループ法人税制の創設によって、譲渡損益の繰延、寄附金の損金不算入（受贈益の益金不算入）及び寄附修正の税務処理が混在することとなった。

そこで、下図の取引について、想定されるすべての事例を図で示すとともに、それぞれの事例について、課税関係をまとめた表を作成し、その会計仕訳及びそれに係る別表四及び別表五㊀の調理を含めた税務処理について解説をする。

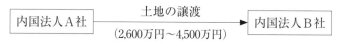

ただし、A社において、時価と取得価額との差額は譲渡損益として、A社及びB社において、譲渡収入又は購入代価と時価との差額は寄附金又は受贈益として、会計仕訳を起こすものとする。

譲渡損益調整資産の譲渡時の時価が取得価額を上回っている場合

イ 5通りの譲渡収入（又は購入代価）の事例に係る図解

（単位　万円）

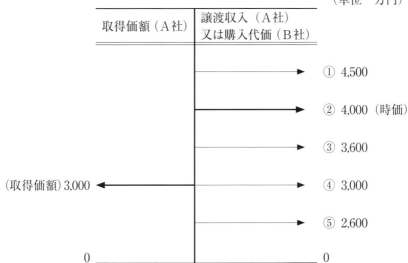

ロ 上記5通りの事例に係る課税関係表

（単位　万円）

		譲渡損益の繰延		寄附金(受贈益)否認		
		譲渡損益調整勘定繰入損（四表減算）	譲渡損益調整勘定繰入益（四表加算）	受贈益益金不算入（四表減算）	寄附金損金不算入（四表加算）	寄附修正（五表(一)の加減算）
譲渡法人A社	① 4,500で譲渡	△1,000	－	△500	－	△500
	② 4,000で譲渡	△1,000	－	－	－	－
	③ 3,600で譲渡	△1,000	－	－	400	400
	④ 3,000で譲渡	△1,000	－	－	1,000	1,000
	⑤ 2,600で譲渡	△1,000	－	－	1,400	1,400
譲受法人B社	① 4,500で譲受			－	500	
	② 4,000で譲受			－		
	③ 3,600で譲受			△400	－	
	④ 3,000で譲受			△1,000		
	⑤ 2,600で譲受			△1,400		

ハ　上記5通りの事例に係る会計仕訳、税務処理及び解説

（以下、金額の単位は万円）

① 　A社が取得価額3,000の土地をB社に**譲渡時の時価（4,000）以上**である4,500
で**譲渡**した場合

①－1　土地の譲渡法人A社

〈会計仕訳〉

現金 4,500	土地	3,000
	譲渡利益（益金）	1,000
	受贈益（益金）	500

〈税務処理〉

譲渡損益調整勘定繰入損（損金）1,000 ／ 譲渡損益調整勘定 1,000

受贈益益金不算入（損金）500 ／ その他流出 500

利益積立金額 500 ／ B社株式 500　（寄附修正）

したがって、別表四及び別表五(一)の調理は次のようになります。

（別表四）

区　　分		総　額	処　　分		
			留　保	社外流出	
			①	②	③
減算	譲渡損益調整勘定繰入損	20	1,000	1,000	
	受増益の益金不算入額	16	500		※	500

（別表五(一)）

区　　分		期首現在利益積立金額	当期の増減		差引翌期首現在利益積立金額 ①－②＋③
			減	増	
		①	②	③	④
譲渡損益調整勘定	3			△1,000	△1,000
B社株式（寄附修正）	4			△500	△500

〈解説〉

　A社の土地の取得価額と譲渡時の時価との差額1,000は、法人税法第61条の13第1項に規定する譲渡利益額となりますので、全額益金不算入として翌期以降の譲渡時まで繰り延べるため、別表四で減算（留保）します。

　また、譲渡時の時価以上で受領した譲渡収入4,500と譲渡時の時価4,000との差額500は、法人税法第25条の2第1項に規定される受贈益に該当しますので、全額益金不算入となり、別表四で減算（流出）します。

　その結果、A社の所有するB社株式の税務上の簿価が500減少することとなりますので、別表五(一)において利益積立金額及びB社株式を500減少させる寄附修正（法令9①七、法令119の3⑥）が必要となります。

　寄附修正は、本書の冒頭の部分で説明しましたように、別表五(一)表のみに計上しますので、別表四とリンクしておりませんから当該金額だけ、別表四と別表五(一)の検算式は不一致となります。

①－2　土地の譲受法人B社

〈会計仕訳〉

　土地　　　　　4,000　／　現金　4,500
　寄附金（損金）500　／

〈税務処理〉

　その他流出 500 ／ 寄附金損金不算入（益金）500

したがって、別表四の調理は次のようになります。

（別表四）

区　　分		総　額	処　　分		
			留　保	社外流出	
		①	②	③	
加算	寄附金の損金不算入額　27	500		その他	500

〈解説〉

　B社は、取得した土地の代金を時価（4,000）以上の4,500で、A社に支払って

いることから、その差額500は、法人税法第37条第2項に規定する寄附金に該当するので、全額損金不算入となります。これは、社外流出の項目であり、別表五㈠の記載は不要となります。

② A社が取得価額3,000の土地をB社に4,000（譲渡時の時価）で譲渡した場合

②－1 土地の譲渡法人A社

〈会計仕訳〉

現金 4,000 ／ 土地 3,000
譲渡利益（益金）1,000

〈税務処理〉

譲渡損益調整勘定繰入損（損金）1,000 ／ 譲渡損益調整勘定 1,000

したがって、別表四及び別表五㈠の調理は次のようになります。

（別表四）

区　　　分		総　額	処　　分	
			留　保	社外流出
		①	②	③
減算	譲渡損益調整勘定繰入損 20	1,000	1,000	

（別表五㈠）

区　　　分		期首現在利益積立金額	当期の増減		差引翌期首現在利益積立金額 ①－②＋③
			減	増	
		①	②	③	④
譲渡損益調整勘定	3			△1,000	

〈解説〉

A社の土地の取得価額と譲渡時の時価との差額1,000は、法人税法第61条の13第1項に規定する譲渡利益額となりますので、全額繰り延べることとなります。

なお、譲渡時の時価と譲渡収入が一致しており、寄附金（受贈益）は発生し

ないので、寄附修正は必要ありません。

②－2　土地の譲受法人B社

〈会計仕訳〉

土地 4,000 ／ 現金 4,000

〈解説〉

B社は、A社の土地を譲渡時の時価で取得しているので、税務処理は一切不要となります。

③　A社が取得価額3,000の土地をB社に譲渡時の時価（4,000）以下である3,600で譲渡した場合

③－1　土地の譲渡法人A社

〈会計仕訳〉

現金　　　　　　　3,600 ／ 土地　　　　　　　3,000
寄附金（損金）　　 400 ／ 譲渡利益（益金）1,000

〈税務処理〉

譲渡損益調整勘定繰入損（損金）1,000 ／ 譲渡損益調整勘定 1,000
その他流出 400 ／ 寄附金損金不算入（益金）400
B社株式 400 ／ 利益積立金額 400 （寄附修正）

したがって、別表四及び別表五(一)の調理は次のようになります。

（別表四）

区　分		総　額	処　分		
			留　保	社外流出	
		①	②	③	
減算	譲渡損益調整勘定繰入損 20	1,000	1,000		
加算	寄附金の損金不算入額 27	400		その他	400

（別表五㈠）

区　　　分		期首現在利益積立金額	当期の増減		差引翌期首現在利益積立金額
			減	増	
		①	②	③	④
譲渡損益調整勘定	3			△1,000	△1,000
B社株式（寄附修正）	4			400	400

〈解説〉

　A社の土地の取得価額と譲渡時の時価との差額1,000は、法人税法第61条の13第1項に規定する譲渡利益額となりますので、全額繰り延べることとなります。

　また、譲渡時の時価以下で受領した譲渡収入3,600と譲渡時の時価4,000との差額400は、法人税法第37条第2項に規定される寄附金に該当しますので、全額損金不算入となります。

　その結果、A社の所有するB社株式の税務上の簿価が400増加することとなりますので、別表五㈠において利益積立金額及びB社株式を400増加させる寄附修正（法令9①七、法令119の3⑥）が必要となります。

　寄附修正は、本書の冒頭の部分で説明しましたように、別表五㈠のみに計上しますので、別表四とリンクしておりませんから当該金額だけ、別表四と別表五㈠の検算式は不一致となります。

③－2　土地の譲受法人B社

〈会計仕訳〉

　土地　　　4,000　　／　　現金　　　　　　3,600
　　　　　　　　　　　　　　受贈益（益金）400

〈税務処理〉

　受贈益益金不算入（損金）400　／　その他流出　400

したがって、別表四の調理は次のようになります。

（別表四）

区　　分		総　額	処　　分		
			留　保	社外流出	
		①	②	③	
減算	受贈益の益金不算入額 16	400		※	400

〈解説〉

　B社は、取得した土地の代金を時価（4,000）以下の3,600でA社に支払っていることから、その差額400は、法人税第25条の２第１項に規定する受贈益に該当しますので、全額益金不算入となります。これは、社外流出の項目であり、別表五㈠の記載は不要となります。

④　A社が取得価額3,000の土地をB社に譲渡時の時価（4,000）以下である3,000
　　（A社の取得価額）で譲渡した場合

　この場合の譲渡金額3,000は、上記③における譲渡金額3,600を置き換えただけですので、③の会計仕訳及び税務処理とその内容に違いはありませんが、念のため、会計仕訳及び税務処理を記載します。

④－１土地の譲渡法人A社

　〈会計仕訳〉

　　現金　　　　　　　3,000　／　土地　　　　　　　　3,000
　　寄附金（損金）1,000　／　譲渡利益（益金）1,000

　〈税務処理〉

　　譲渡損益調整勘定繰入損（損金）1,000　／　譲渡損益調整勘定 1,000
　　その他流出 1,000　／　寄附金損金不算入（益金）1,000
　　B社株式 1,000　　／　利益積立金額 1,000　（寄附修正）

　したがって、別表四及び別表五㈠の調理は次のようになります。

（別表四）

	区　分		総　額	処　分		
				留　保	社外流出	
			①	②	③	
減算	譲渡損益調整勘定繰入損	20	1,000	1,000		
加算	寄附金の損金不算入額	27	1,000		その他	1,000

（別表五㈠）

区　分		期首現在利益積立金額	当期の増減		差引翌期首現在利益積立金額
			減	増	
		①	②	③	④
譲渡損益調整勘定	3			△1,000	△1,000
B社株式（寄附修正）	4			1,000	1,000

④－2　土地の譲受法人B社

〈会計仕訳〉

土地　　　4,000　／　現金　　　　　　3,000
　　　　　　　　　　　受贈益（益金）1,000

〈税務処理〉

受贈益益金不算入（損金）1,000 ／ その他流出 1,000

したがって、別表四の調理は次のようになります。

（別表四）

	区　分		総　額	処　分		
				留　保	社外流出	
			①	②	③	
減算	受贈益の益金不算入額	16	1,000		※	1,000

⑤　A社が取得価額3,000の土地をB社に譲渡時の時価（4,000）以下である2,600で譲渡した場合

　この場合の譲渡金額2,600も、上記③における譲渡金額3,600を置き換えただけですので、③の会計仕訳及び税務処理とその内容に違いはありませんが、念のため、会計仕訳及び税務処理を記載します。

⑤－1　土地の譲渡法人A社

〈会計仕訳〉

| 現金 | 2,600 | 土地 | 3,000 |
| 寄附金（損金）1,400 | | 譲渡利益（益金）1,000 | |

〈税務処理〉

譲渡損益調整勘定繰入損（損金）1,000	譲渡損益調整勘定 1,000
その他流出 1,400	寄附金損金不算入（益金）1,400
B社株式 1,400	利益積立金額 1,400 （寄附修正）

したがって、別表四及び別表五(一)の調理は次のようになります。

（別表四）

区　　分			総　額	処　　分	
				留　保	社外流出
			①	②	③
減算	譲渡損益調整勘定繰入損	20	1,000	1,000	
加算	寄附金の損金不算入額	27	1,400		その他 1,400

（別表五(一)）

区　　分		期首現在利益積立金額	当期の増減		差引翌期首現在利益積立金額
		①	減 ②	増 ③	④
譲渡損益調整勘定	3			△1,000	△1,000
B社株式（寄附修正）	4			1,400	1,400

⑤－2　土地の譲受法人Ｂ社

〈会計処理〉

土地　　　4,000　／　現金　　　　　2,600
　　　　　　　　　　　受贈益（益金）1,400

〈税務処理〉

受贈益益金不算入（損金）1,400　／　その他流出 1,400

したがって、別表四の調理は次のようになります。

（別表四）

区　　分		総　額	処　　分		
			留　保	社外流出	
		①	②	③	
減算	受贈益の益金不算入額 16	1,400		※	1,400

譲渡損益調整資産の譲渡時の時価が取得価額を下回っている場合

イ 5通りの譲渡収入（又は購入代価）の事例に係る図解

（単位　万円）

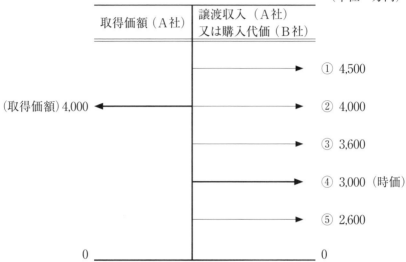

ロ 上記5通りの事例に係る課税関係表

（単位　万円）

		譲渡損益の繰延		寄附金(受贈益)否認		寄附修正
		譲渡損益調整勘定繰入損 (四表減算)	譲渡損益調整勘定繰入益 (四表加算)	受贈益益金不算入 (四表減算)	寄附金損金不算入 (四表加算)	(五表(一)の加減算)
譲渡法人A社	① 4,500で譲渡	—	1,000	△1,500	—	△1,500
	② 4,000で譲渡	—	1,000	△1,000	—	△1,000
	③ 3,600で譲渡	—	1,000	△600	—	△600
	④ 3,000で譲渡	—	1,000	—	—	—
	⑤ 2,600で譲渡	—	1,000	—	400	400
譲受法人B社	① 4,500で譲受			—	1,500	
	② 4,000で譲受			—	1,000	
	③ 3,600で譲受			—	600	
	④ 3,000で譲受			—	—	
	⑤ 2,600で譲受			△400	—	

ハ　上記５通りの事例に係る会計仕訳、税務処理及び解説

（以下、金額の単位は万円）

①　A社が取得価額4,000の土地をB社に譲渡時の時価（3,000）以上である4,500で譲渡した場合

①－1　土地の譲渡法人A社

〈会計仕訳〉

現金　　　　　　　4,500　／　土地　　　　　　4,000
譲渡損失（損金）1,000　／　受贈益（益金）1,500

〈税務処理〉

譲渡損益調整勘定 1,000 ／ 譲渡損益調整勘定繰入益（益金）1,000
受贈益益金不算入（損金）1,500 ／ その他流出 1,500
利益積立金額 1,500 ／ B社株式 1,500 （寄附修正）

したがって、別表四及び別表五㈠の調理は次のようになります。

（別表四）

区　　分		総　額	処　　分		
			留　保	社外流出	
		①	②	③	
加算	譲渡損益調整勘定繰入益 9	1,000	1,000		
減算	受増益の益金不算入額 16	1,500		※	1,500

（別表五㈠）

区　　分	期首現在利益積立金額	当期の増減		差引翌期首現在利益積立金額
		減	増	
	①	②	③	④
譲渡損益調整勘定 3			1,000	1,000
B社株式（寄附修正）4			△1,500	△1,500

〈解説〉

A社の土地の取得価額と譲渡時の時価との差額1,000は、法人税法第61条の13第1項に規定する譲渡損失額となりますので、全額繰り延べることとなります。

また、譲渡時の時価以上で受領した譲渡収入4,500と譲渡時の時価3,000との差額1,500は、法人税法第25条の2第1項に規定される受贈益に該当しますので、全額益金不算入となり、別表四で減算（流出）します。

その結果、A社の所有するB社株式の税務上の簿価が1,500減少することとなりますので、別表五(一)において利益積立金額及びB社株式を1,500減少させる寄附修正（法令9①七、法令119の3⑥）が必要となります。

寄附修正は、本書の冒頭の部分で説明しましたように、別表五(一)のみに計上しますので、別表四とリンクしておりませんから当該金額だけ、別表四と別表五(一)の検算式は不一致となります。

①-2　土地の譲受法人B社

〈会計仕訳〉

土地　　　　　　　3,000　／　現金 4,500
寄附金（損金）1,500　／

〈税務処理〉

その他流出 1,500　／　寄附金損金不算入（益金）1,500

したがって、別表四の調理は次のようになります。

（別表四）

区　分		総額	処　分			
			留　保	社外流出		
		①	②	③		
加算	寄附金の損金不算入額	27	1,500		その他	1,500

〈解説〉

B社は、取得した土地の代金を譲渡時の時価（3,000）以上の4,500で、A社に支払っていることから、その差額1,500は、法人税法第37条第2項に規定する寄

附金に該当するので、全額損金不算入となります。これは、社外流出の項目であり、別表五㈠の記載は不要となります。

② A社が取得価額4,000の土地をB社に<u>譲渡時の時価（3,000）以上</u>である4,000（A社の取得価額）で<u>譲渡</u>した場合

　この場合の譲渡金額4,000は、上記①における譲渡金額4,500を置き換えただけですので、①の会計仕訳及び税務処理とその内容に違いはありませんが、念のため、会計仕訳及び税務処理を記載します。

②－1　土地の譲渡法人A社

〈会計仕訳〉

現金　　　　　　　4,000　／　土地　　　　　　4,000
譲渡損失（損金）1,000　／　受贈益（益金）1,000

〈税務処理〉

譲渡損益調整勘定 1,000 ／ 譲渡損益調整勘定繰入益（益金）1,000
受贈益益金不算入（損金）1,000 ／ その他流出 1,000
利益積立金額 1,000 ／ B社株式 1,000 （寄附修正）

したがって、別表四及び別表五㈠の調理は次のようになります。

（別表四）

区　　分		総額	処　分	
			留保	社外流出
		①	②	③
加算	譲渡損益調整勘定繰入益	9	1,000	1,000	
減算	受増益の益金不算入額	16	1,000		※ 1,000

（別表五(一)）

区　　分		期首現在 利益積立金額	当期の増減		差引翌期首現在 利益積立金額
			減	増	
		①	②	③	④
譲渡損益調整勘定	3			1,000	1,000
B社株式（寄附修正）	4			△1,000	△1,000

②－2　土地の譲受法人B社

〈会計仕訳〉

土地　　　　　　　3,000　／　現金　4,000

寄附金（損金）1,000　／

〈税務処理〉

その他流出　1,000　／　寄附金損金不算入（益金）1,000

したがって、別表四の調理は次のようになります。

（別表四）

区　　分			総　額	処　　分		
				留　保	社外流出	
			①	②	③	
加算	寄附金の損金不算入額	27	1,000		その他	1,000

③　A社が取得価額4,000の土地をB社に譲渡時の時価（3,000）以上である3,600（A社の取得価額以下）で譲渡した場合

この場合の譲渡金額3,600も、上記①における譲渡金額4,500を置き換えただけですので、①の会計仕訳及び税務処理とその内容に違いはありませんが、念のため、会計仕訳及び税務処理を記載します。

③－1　土地の譲渡法人Ａ社

〈会計仕訳〉

現金	3,600	土地	4,000
譲渡損失（損金）	1,000	受贈益（益金）	600

〈税務処理〉

譲渡損益調整勘定 1,000 ／ 譲渡損益調整勘定繰入益（益金）1,000

受贈益益金不算入（損金）600 ／ その他流出 600

利益積立金額 600 ／ Ｂ社株式 600 （寄附修正）

　したがって、別表四及び別表五㈠の調理は次のようになります。

（別表四）

区　　分		総　額	処　　　分		
			留　保	社外流出	
		①	②	③	
加算	譲渡損益調整勘定繰入益	9	1,000	1,000		
減算	受増益の益金不算入額	16	600		※	600

（別表五㈠）

区　　分		期首現在利益積立金額	当期の増減		差引翌期首現在利益積立金額
			減	増	
		①	②	③	④
譲渡損益調整勘定	3			1,000	1,000
Ｂ社株式（寄附修正）	4			△600	△600

③－2　土地の譲受法人Ｂ社の会計仕訳及び税務処理

〈会計処理〉

土地	3,000	／	現金 3,600
寄附金（損金）	600	／	

〈税務処理〉

その他流出 600 ／ 寄附金損金不算入（益金）600

したがって、別表四の調理は次のようになります。

(別表四)

区　　分		総　額	処　　分		
			留　保	社外流出	
		①	②	③	
加算	寄附金の損金不算入額	27	600		その他	600

④　A社が取得価額4,000の土地をB社に譲渡時の時価である3,000で譲渡した場合

④－1　土地の譲渡法人A社

〈会計仕訳〉

現金　　　　　　　　3,000　／　土地　4,000
譲渡損失（損金）1,000　／

〈税務処理〉

譲渡損益調整勘定　1,000　／　譲渡損益調整勘定繰入益　1,000

したがって、別表四及び別表五㈠の調理は次のようになります。

(別表四)

区　　分		総　額	処　　分		
			留　保	社外流出	
		①	②	③	
加算	譲渡損益調整勘定繰入益	9	1,000	1,000	

(別表五㈠)

区　　分		期首現在利益積立金額	当期の増減		差引翌期首現在利益積立金額
			減	増	
		①	②	③	④
譲渡損益調整勘定	3			1,000	

〈解説〉

　A社の土地の取得価額と譲渡時の時価との差額1,000は、法人税法第61条の13に規定する譲渡損失額となりますので、全額繰り延べることとなります。なお、譲渡時の時価と譲渡収入が一致しており、寄附金（受贈益）は発生しないので、寄附修正は必要ありません。

④－2　土地の譲受法人Ｂ社

　〈会計仕訳〉

　　土地 3,000 ／ 現金 3,000

〈解説〉

　Ｂ社は、Ａ社の土地を譲渡時の時価で取得しているので、税務処理は一切不要となります。

⑤　Ａ社が取得価格4,000の土地をＢ社に<u>譲渡時の時価（3,000）以下</u>である2,600で<u>譲渡</u>した場合

⑤－1　土地の譲渡法人Ａ社

　〈会計仕訳〉

　　現金　　　　　　　　2,600　／　土地 4,000

　　譲渡損失（損金）1,000

　　寄附金（損金）　　 400　／

　〈税務処理〉

　　譲渡損益調整勘定 1,000　／　譲渡損益調整勘定繰入益（益金）1,000

　　その他流出 400　／　寄附金損金不算入（益金）400

　　Ｂ社株式 400　／　利益剰余金 400　（寄附修正）

したがって、別表四及び別表五㈠の調理は次のようになります。

（別表四）

区　分		総　額	処　分		
			留　保	社外流出	
		①	②	③	
加算	譲渡損益調整勘定繰入益	9	1,000	1,000		
	寄附金の損金不算入額	27	400		その他	400

（別表五㈠）

区　分		期首現在利益積立金額	当期の増減		差引翌期首現在利益積立金額
			減	増	
		①	②	③	④
譲渡損益調整勘定	3			1,000	1,000
B社株式（寄附修正）	4			400	400

〈解説〉

　A社の土地の取得価額と譲渡時の時価との差額1,000は、法人税法第61条の13第1項に規定する譲渡損失額となりますので、全額繰り延べることとなります。また、譲渡時の時価以下で受領した収入2,600と譲渡時の時価3,000との差額400は、法人税法第37条第2項に規定される寄附金に該当しますので、全額損金不算入となります。

　その結果、A社の所有するB社株式の税務上の簿価が400増加することとなりますので、別表五㈠において利益積立金額及びB社株式を400増加させる寄附修正（法令9①七、法令119の3⑥）が必要となります。

　寄附修正は、本書の冒頭の部分で説明しましたように、別表五㈠のみに計上しますので、別表四とリンクしておりませんから当該金額だけ、別表四と別表五㈠の検算式は不一致となります。

⑤－2　土地の譲受法人Ｂ社

〈会計仕訳〉

土地　3,000　　／　現金　　　　　2,600

　　　　　　　　　　受贈益（益金）400

〈税務処理〉

受贈益益金不算入（損金）400　／　その他流出 400

したがって、別表四の調理は次のようになります。

（別表四）

区　　分		総　額	処　　分		
			留　保	社外流出	
		①	②	③	
減算	受贈益の益金不算入額	16	400	※	400

〈解説〉

　Ｂ社は、取得した土地の代金を時価（4,000）以下の3,600でＡ社に支払っていることから、その差額400は、法人税法第25条の２第１項に規定する受贈益に該当しますので、全額益金不算入となります。これは、社外流出の項目であり、別表五㈠の記載は不要となります。

参考資料

解説

完全支配関係にある子会社の解散に伴う税務処理
（残余財産確定以後の解説）

【週刊税務通信（3250号　2013年2月18日）】

解説

減価償却資産を適格現物分配の資産とする剰余金の
配当を行った場合の税務処理

【週刊税務通信（3388号　2015年12月14日）】

週刊税務通信　3250号　2013年2月18日

解説 完全支配関係にある子会社の解散に伴う税務処理
（残余財産確定以後の解説）

1 はじめに

　日本の景気は長期にわたり低迷が続いていることから、業績の悪化状態が長く続いている子会社もあり、已むなくその子会社を解散せざるを得ないと考えている経営者の方も多いのではないでしょうか。その場合やそれ以外の理由で子会社を解散した場合において、平成22年度税制改正で、解散法人及びその法人の株式を保有する一定の法人の税務処理が大きく変わりました。

　つまり、解散法人では、清算所得課税が廃止され、通常所得課税へと移行されるとともに、その法人の株式を保有する法人では、その法人との間に完全支配関係がある場合には、その法人の清算に伴う保有株式の消滅損益（譲渡損益相当額）が資本金等の額にチャージされ、一定の条件の基にその法人の青色欠損金を引継ぐという税務処理を行うこととなりました。

　そこで、ここでは、次の3のような資本関係（完全支配関係）にあるC法人が解散（解散時は、平成22年度税制改正適用後、つまり平成22年10月1日以降であるとします。）した場合、C法人の残余財産確定以後の各法人（A法人、B法人及びC法人）の税務処理について、具体的な事例を設問形式で挙げ、回答については、その根拠法令を示すとともに全体像が良く理解できるような解説をいたします。

　なお、平成23年12月の税制改正で、①中小法人等以外の法人の青色欠損金の控除限度額が、欠損金額控除前の所得の金額の100分の80相当額とされ（法法57①ただし書）②青色欠損金の繰越控除できる期間が7年から9年に延長され（法法57①）ましたので、そのことも考慮に入れた事例としております。これらの記述が実務の参考となれば幸いです。

2 本事例に関係する22年度改正及び23年12月改正のポイント

	制度	適用日
平成22年度改正	【清算所得課税の廃止】 清算所得課税が廃止され、解散後も通常の所得課税となった。	平成22年10月1日以後に解散が行われる場合における各事業年度の所得に対する法人税について適用
	【株式消滅損益の非計上と資本金等へのチャージ】 完全支配関係がある法人の清算に伴う保有株式の消滅損益（譲渡損益相当額）は計上せず、株主である法人の資本金等の額に加減算することとされた。	平成22年10月1日以後に解散した場合で、同日以後に他の内国法人の株式を有しないこととなった場合において適用
	【青色欠損金の完全支配関係にある内国法人への引継ぎ】 内国法人間で完全支配関係がある法人の残余財産が確定した場合には、その株主である法人に青色欠損金を引き継ぐことができることとされた。 ただし、その子会社との支配関係が残余財産の確定日以前、最低5年間継続していない場合には未処理欠損金額の引継金額に制限が生じる。	平成22年10月1日以後に解散した法人の残余財産が確定した場合に適用
平成23年12月改正	【青色欠損金の適用期間の延長】 青色欠損金の繰越控除ができる期間が7年から9年に延長された。	平成20年4月1日以後に終了した事業年度において生じた青色欠損金について適用
	【青色欠損金の適用金額の制限】 中小法人等以外の法人の青色欠損金の控除限度額が欠損金額控除前の所得の金額の100分の80相当額とされた。	平成24年4月1日以後に開始する事業年度について適用

3 本設例における資本関係図

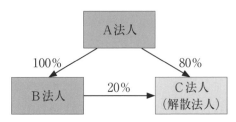

（注）上記資本関係は、Ｃ法人の残余財産確定日の翌日が属するＡ法人及びＢ法人の
事業年度の開始の日の５年以上前の日（平成16年４月１日）から継続しています。

4 具体的事例

● 問1

　　Ｃ法人は、残余財産確定時における残余財産の分配はないが、未処理欠
損金額（法法57②において規定されるもの）を有する場合において、残余
財産の確定後のＡ法人、Ｂ法人及びＣ法人の税務処理はどのようになりま
すか。なお、Ａ法人、Ｂ法人及びＣ法人はすべての事業年度において連続
して青色申告書である確定申告書を提出しています。

○事実関係

〈Ｃ法人〉（清算法人）

① 事業年度　　７月１日～６月30日

② 解散年月日　　　　　　平成23年８月31日

③ 残余財産確定の日　　　平成24年11月30日

④ 解散日の属する事業年度及びその後の事業年度（法法14①一、法基通1-2-9）

　　平成23年７月１日～平成23年８月31日

　　平成23年９月１日～平成24年８月31日

　　平成24年９月１日～平成24年11月30日

⑤ 未処理欠損金額及びその発生事業年度

平成18年7月1日～平成19年6月30日	△1,000,000円
平成19年7月1日～平成20年6月30日	△2,000,000円
平成20年7月1日～平成21年6月30日	△3,000,000円
平成21年7月1日～平成22年6月30日	△4,000,000円
平成22年7月1日～平成23年6月30日	△1,000,000円
平成23年7月1日～平成23年8月31日	△200,000円
平成23年9月1日～平成24年8月31日	△500,000円
平成24年9月1日～平成24年11月30日	△100,000円

⑥　発行済株式総数　100,000株

〈A法人〉

①　事業年度　4月1日～3月31日

②　C法人の保有株数　80,000株

③　C法人株式の取得価額　72,000,000円

④　欠損金額及びその発生事業年度

平成23年4月1日～平成24年3月31日	△500,000円
平成24年4月1日～平成25年3月31日	△200,000円

〈B法人〉

①　事業年度　4月1日～3月31日

②　C法人の保有株数　20,000株

③　C法人株式の取得価額　18,000,000円

④　欠損金額・所得金額及びその発生事業年度

平成23年4月1日～平成24年3月31日	△300,000円
平成24年4月1日～平成25年3月31日	150,000円

⑤　B法人は、中小法人等（資本金等の額が1億円以下の普通法人等で、資本金等の額が5億円以上の法人等による完全支配関係があるもの等以外）には該当しない。

回 答

1　C法人

特に税務処理を要しない。

2　A法人

⑴　C法人の未処理欠損金額の引継ぎ

C法人の未処理欠損金額の80％を下記の事業年度及び金額で引き継ぎます。

記

平成18年4月1日～平成19年3月31日	△800,000円
平成19年4月1日～平成20年3月31日	△1,600,000円
平成20年4月1日～平成21年3月31日	△2,400,000円
平成21年4月1日～平成22年3月31日	△3,200,000円
平成22年4月1日～平成23年3月31日	△800,000円
平成23年4月1日～平成24年3月31日	△640,000円

したがって、A法人の平成24年4月1日～平成25年3月31日（以下「合併等事業年度」（C法人の残余財産確定の日の翌日が属するA法人の事業年度）と言い、B法人についても同事業年度を同様に言う。）における欠損金額の翌期繰越額は、上記の合計金額（△9,440,000円）に、A法人固有の欠損金額（平成23年4月1日～平成24年3月31日△500,000円及び平成24年4月1日～平成25年3月31日△200,000円）を加えた金額△10,140,000となります。実務上では、これらを別表七㈠及び別表七㈠付表1に記載することとなります（118・119頁参照）。

⑵　C法人の株式の消滅に伴う会計処理及び税務処理

①　会計仕訳

株式消滅損失（譲渡損失）72,000,000円　／　C法人株式　72,000,000円

②　税務仕訳

資本金等の額　72,000,000円　／　C法人株式　72,000,000円

上記の税務処理を別表四及び別表五㈠に記入すると次のようになります。

（別表四）

単位　円

区　　分		総　額	処　　分	
			留　保	社外流出
		①	②	③
加算	株式消滅損失の損金不算入額 10	72,000,000	72,000,000	

（別表五(一)）

Ⅰ　利益積立金額の計算に関する明細書

単位　円

区　　分		期首現在利益積立金額	当期の増減		差引翌期首現在利益積立金額 ①－②＋③
			減	増	
		①	②	③	④
資本金等の額	3			72,000,000	72,000,000

（別表五(一)）

Ⅱ　資本金等の額の計算に関する明細書

単位　円

区　　分		期首現在資本金等の額	当期の増減		差引翌期首現在資本金等の額 ①－②＋③
			減	増	
		①	②	③	④
利益積立金額	34		72,000,000		△72,000,000

3　B法人

⑴　C法人の未処理欠損金額の引継ぎ

　C法人の未処理欠損金額の20％を下記の事業年度及び金額で引き継ぎます。

記

平成18年4月1日～平成19年3月31日	△200,000円
平成19年4月1日～平成20年3月31日	△400,000円
平成20年4月1日～平成21年3月31日	△600,000円
平成21年4月1日～平成22年3月31日	△800,000円
平成22年4月1日～平成23年3月31日	△200,000円

　　　　平成23年4月1日～平成24年3月31日　　　　　　△160,000円

　したがって、B法人の平成24年4月1日～平成25年3月31日（合併等事業年度）における欠損金額の翌期繰越額は、上記の合計金額（△2,360,000円）とB法人固有の欠損金額（平成23年4月1日～平成24年3月31日△300,000円）との合計金額からB法人固有の所得金額（平成24年4月1日～平成25年3月31日150,000円）の80％（120,000円）を控除（上記平成18年4月1日～平成19年3月31日△200,000円から120,000円を控除する（法基通12-1-1）。）した金額△2,540,000円となります。実務上では、これらを別表七㈠及び別表七㈠付表1に記載することとなります（120・121頁参照）。

⑵　C法人の株式の消滅に伴う会計処理及び税務処理
①　会計仕訳
　　株式消滅損失（譲渡損失）18,000,000円　／　C法人株式　18,000,000円
②　税務仕訳
　　資本金等の額　18,000,000円　／　C法人株式　18,000,000円
　上記の税務処理に係る別表四及び別表五㈠の記載は、A法人と全く同様（金額のみ異なるだけである。）であるので、その記載は省略します。

解説

1　C法人の未処理欠損金額の引継ぎについて
⑴　A法人及びB法人に引き継がれるC法人の未処理欠損金額の範囲とA法人及びB法人におけるその繰越可能期間
　　A法人及びB法人は、C法人の残余財産確定の日の翌日の属する事業年度開始の日の5年以上前の平成16年4月1日から継続してC法人と完全支配関係にある（上記**3**資本関係図（注）参照）ことから、C法人の残余財産確定の日の翌日前9年以内に開始した各事業年度（以下「前9年内事業年度」と言う。）において生じた未処理欠損金額（事実関係・C法人の⑤参照）（平成20年4月1日以後に終了した事業年度において生じた欠損金額に限られ、平成20年4月1日前に終了した事業年度において生じた欠損金額は従前どおり7年以内に開始した事業年度において生

114

じたものに限られる（平成23年改正法附則14①）ことから、Ｃ法人の平成18年7月
1日～平成19年6月30日以降の各事業年度において生じた欠損金額がその対象
となる（118頁（注）2参照）。）は、すべてＡ法人及びＢ法人に引き継がれます
（法法57②③、法令112④一）。

　したがって、Ａ法人及びＢ法人に引き継がれた未処理欠損金額は、Ａ法人及
びＢ法人の各事業年度において生じた欠損金額となりますので、118頁及び120
頁に記載した金額の内、7年繰り越しできるものと9年繰り越しできるものが
混在することとなり、次事業年度以後の別表七㈠の記載には注意を要するもの
と思われます（平成23年改正法附則14①）。

⑵　Ｃ法人からＡ法人及びＢ法人に引き継がれる未処理欠損金額のＡ法人及び
　Ｂ法人における帰属事業年度及び帰属割合

　Ｃ法人の未処理欠損金額は、当該未処理欠損金額の生じた<u>前9年内事業年度</u>
<u>開始の日</u>が属するＡ法人及びＢ法人の各事業年度において原則として生じたも
のとみなされます。但し、Ａ法人及びＢ法人の<u>合併等事業年度開始の日以後</u>に、
<u>Ｃ法人が開始した事業年度で生じた未処理欠損金額がある場合</u>、当該未処理欠
損金額については、当該合併等事業年度の前事業年度において生じたものとみ
なされます（<u>法法57②後段</u>）（117頁参照）。

　なお、Ａ法人及びＢ法人がＣ法人の当該未処理欠損金額を引き継ぐ割合は、
Ｃ法人の発行済株式（Ｃ法人が自己株式を有している場合には、当該株式を除く
こととなるが、本問では有していないので、除外する株式はない。）の総数を分母とし、
Ａ法人又はＢ法人の所有するＣ法人の株式数を分子とした割合となります（<u>法</u>
<u>法57②後段のカッコ書き</u>）。

　つまり、次のようになります。

　　Ａ法人が引き継ぐ割合　$\dfrac{800{,}000株}{1{,}000{,}000株} = 80\%$

　　Ｂ法人が引き継ぐ割合　$\dfrac{200{,}000株}{1{,}000{,}000株} = 20\%$

2　欠損金の控除限度額の縮減について

　平成23年12月の税制改正で、中小法人等以外の法人の青色欠損金の控除限度額が、欠損金額控除前の所得の金額の100分の80相当額とされました（法法57①ただし書き）。なお、この改正は、平成24年4月1日以後に開始する事業年度に適用されます（平成23年改正法附則10）。したがって、B法人は、上記事実関係の〈B法人〉⑤（111頁参照）にあるように中小法人等には該当しないことから、B法人の平成25年3月31日期の所得金額150,000円の80％である120,000円を、C法人から引き継いだ平成19年3月31日期の欠損金額△200,000円から控除することとなります（法基通12-1-1）。

3　欠損金の繰越期間の延長について

　平成23年12月の税制改正で、青色欠損金の繰越期間が9年（改正前7年）に延長されました。ただし、これは、平成20年4月1日以後に終了した事業年度において生じた欠損金額について適用され、同日前に終了した事業年度において生じた欠損金額については、従前どおり7年とされています（平成23年改正法附則14①）。

4　A法人及びB法人が保有するC法人株式の税務処理

　A法人及びB法人と完全支配関係にあるC法人が解散し、A法人及びB法人はC法人から残余財産の分配を受けないことが確定したので、A法人及びB法人が保有するC法人株式は消滅し、C法人株式の消滅損失が発生します。これは、法人税法、有価証券の譲渡とされ、C法人株式の譲渡対価となる金額は、その譲渡原価に相当する金額とされることから、A法人及びB法人が保有するC法人株式の消滅損失（譲渡損失）は計上されないこととなりました（法法61の2⑯）。

　この場合、法人税法上、上記のC法人株式の消滅損失（譲渡損失）全額が、次の計算式によりA法人及びB法人の資本金等の額の減算項目とされます（法令8①十九）。すなわち、このことは、C法人株式の譲渡原価とC法人株式の譲渡対価（本件では、残余財産の分配がない（勿論、みなし配当もない。）ので、零となる。）との差額（譲渡損益相当額）を株主であるA法人及びB法人の資本金等の

額にチャージすることを意味しております。

$$
\boxed{みなし配当} + \boxed{\begin{array}{c}上記文中の譲渡対価\\とされる金額\\（譲渡金額）\end{array}} - \boxed{\begin{array}{c}交付を受けた金銭の額\\（残余財産分配金）\\（源泉所得税を含む）\end{array}}
$$

① A法人の資本金等の額の減算額となる金額は次のようになります。

0円（みなし配当）＋72,000,000円（上記文中の譲渡対価とされる金額）

－0円（交付を受けた金銭の額）（残余財産分配金）＝72,000,000円

② B法人の資本金等の額の減算額となる金額は次のようになります。

0円（みなし配当）＋18,000,000円（上記文中の譲渡対価とされる金額）

－0円（交付を受けた金銭の額）（残余財産分配金）＝18,000,000円

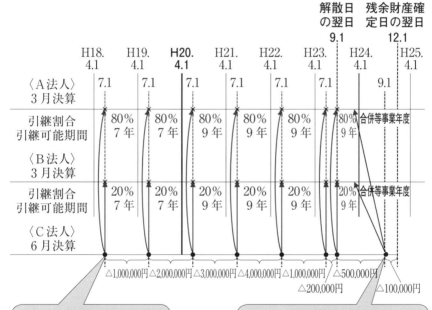

(注)

1．H20.4.1以後に終了した事業年度において生じた欠損金額が繰越可能期間９年となり、同日前に終了した事業年度において生じた欠損金額は、従前通り７年となる（平成23年12月改正法附則14①）。

2．H17.12.1以後開始したＣ法人の各事業年度において生じた未処理欠損金額がＡ社及びＢ社へ引継可能となる（平成23年12月改正法附則14①、旧法法57②及び法法57②）（本件ではＣ法人のH18.7.1以後開始事業年度の未処理欠損金額が対象となる）。

3．本件における合併等事業年度とは、Ｃ法人の残余財産確定の日の翌日が属するＡ法人及びＢ法人の事業年度である。

欠損金又は災害損失金の損金算入に関する明細書

事業年度 24・4・1　25・3・31　法人名　A社　別表七(一)　平二十四・四・一以後終了事業年度分

控除前所得金額（別表四「39の①」−（別表七（二）「11」又は「23」）） 1			所得金額控除限度額 (1)×(80又は100/100) 2		
事業年度	区分	控除未済欠損金額 3	当期控除額（3と（2）−当期控除額の合計額）のうち少ない金額 4	翌期繰越額（（（3）−（4））又は別表七（三）「15」） 5	
・・	青色欠損・連結みなし欠損・災害損失				
・・	青色欠損・連結みなし欠損・災害損失				
・・	青色欠損・連結みなし欠損・災害損失				
18・4・1 19・3・31	青色欠損・連結みなし欠損・災害損失	800,000		800,000	
19・4・1 20・3・31	青色欠損・連結みなし欠損・災害損失	1,600,000		1,600,000	
20・4・1 21・3・31	青色欠損・連結みなし欠損・災害損失	2,400,000		2,400,000	
21・4・1 22・3・31	青色欠損・連結みなし欠損・災害損失	3,200,000		3,200,000	
22・4・1 23・3・31	青色欠損・連結みなし欠損・災害損失	800,000		800,000	
23・4・1 24・3・31	青色欠損・連結みなし欠損・災害損失	1,140,000		1,140,000	
計		9,940,000		9,940,000	
当期分 欠損金額（別表四「48の①」）		200,000	欠損金の繰戻し額		
同上のうち 災害損失金					
同上のうち 青色欠損金		200,000		200,000	
合計				10,140,000	

別表七（一）付表一　平二十四・四・一以後終了事業年度分

適格組織再編成等が行われた場合の調整後の控除未済欠損金額の計算に関する明細書

事業年度	24・4・1　25・3・31	法人名	A社

適格組織再編成等が行われた場合の調整後の控除未済欠損金額

事業年度	欠損金の区分	控除未済欠損金額又は調整後の当該法人分の控除未済欠損金額 （前期の別表七（一）「5」若しくは別表七（一）付表三「5」若しくは別表七（一）付表三「5」） 1	被合併法人等から引継ぎを受ける未処理欠損金額 被合併合併の別：適格合併（残余財産の確定） 適格合併の日：24・11・30 被合併法人等の名称：C社		調整後の控除未済欠損金額 (1)＋(2)×80％ 3
			欠損金の年度／欠損金の区分	被合併法人等の未処理欠損金額 最終の事業年度の別表七（一）「5」又は(4)、(7)若しくは別表七（一）付表二「5」 2	
: :		円	: :	円	円
18・4・1 19・3・31	青色欠損金	—	18・7・1 19・6・30 青色欠損金	1,000,000	800,000
19・4・1 20・3・31	〃	—	19・7・1 20・6・30 〃	2,000,000	1,600,000
20・4・1 21・3・31	〃	—	20・7・1 21・6・30 〃	3,000,000	2,400,000
21・4・1 22・3・31	〃	—	21・7・1 22・6・30 〃	4,000,000	3,200,000
22・4・1 23・3・31	〃	—	22・7・1 23・6・30 〃	1,000,000	800,000
23・4・1 24・3・31		500,000	23・7・1 23・8・31 〃	200,000	1,140,000
: :			23・9・1 24・8・31	500,000	
: :			24・9・1 24・11・30	100,000	
計		500,000	計	11,800,000	9,940,000

支配関係がある法人との間で適格組織再編成等が行われた場合の未処理欠損金額又は控除未済欠損金額の調整計算の明細

適格組織再編成等の別	合併（適格・非適格）・残余財産の確定・適格分割・適格現物出資・適格現物分配	適格組織再編成等の日	24・11・30
対象法人の別	被合併法人等（名称：C社　）・当該法人	支配関係発生日	16・4・1

対象法人の事業年度	欠損金の区分	みなし事業年度に該当する場合又は5年継続支配関係がある場合のいずれにも該当する場合 被合併法人等の未処理欠損金額又は当該法人の控除未済欠損金額 被合併法人等の最終の事業年度の別表七（一）「5」又は当該法人の前期の別表七（一）「5」 4	共同事業要件に該当する場合又は5年継続支配関係がある場合のいずれにも該当しない場合			引継ぎを受ける未処理欠損金額又は調整後の当該法人分の控除未済欠損金額 支配関係事業年度前の事業年度にあっては、当該支配関係事業年度以後の事業年度にあっては(5)と(6)のうち少ない金額 7
			被合併法人等の未処理欠損金額又は当該法人の控除未済欠損金額 被合併法人等の最終の事業年度の別表七（一）「5」又は当該法人の前期の別表七（一）「5」 5	支配関係事業年度以後の事業年度の特定資産譲渡等損失相当額以外の部分から成る欠損金額 (8)－0.0 6		
: :		円	円	円		円
18・7・1 19・6・30	青色欠損金	1,000,000				
19・7・1 20・6・30	〃	2,000,000				
20・7・1 21・6・30	〃	3,000,000				
21・7・1 22・6・30	〃	4,000,000				
22・7・1 23・6・30	〃	1,000,000				
23・7・1 23・8・31	〃	200,000				
23・9・1 24・8・31	〃	500,000				
24・9・1 24・11・30	〃	100,000				
計		11,800,000				

支配関係事業年度以後の欠損金額のうち特定資産譲渡等損失相当額の計算の明細

対象法人の支配関係事業年度以後の事業年度	支配関係事業年度以後の欠損金発生額 支配関係事業年度以後の事業年度のそれぞれの別表七（一）「当期分の青色欠損金」	欠損金額のうち特定資産譲渡等損失相当額の計算			
		特定引継資産又は特定保有資産の譲渡等特定事由による損失の額の合計額	特定引継資産又は特定保有資産の譲渡等による利益の額の合計額	特定資産譲渡等損失額 (9)－00	欠損金額のうち特定資産譲渡等損失相当額 (8)と00のうち少ない金額
		8	9	10	11
: :		円	円	円	円
: :					
: :					
: :					
: :					
計					

法 0301－0701－付1

欠損金又は災害損失金の損金算入に関する明細書

事業年度	24・4・1 25・3・31	法人名	B社

控除前所得金額 （別表四「39の①」）－（別表七（二）「11」又は「23」）	1	150,000 円	所得金額控除限度額 (1)× $\frac{80又は100}{100}$	2	120,000 円

事業年度	区　　分	控除未済欠損金額 3	当期控除額 （当該事業年度の③と（②－当該事業年度前の④の合計額）のうち少ない金額） 4	翌期繰越額 （（③）－（④））又は別表七（二）「15」） 5
・　・ ・　・	青色欠損・連結みなし欠損・災害損失	円	円	
・　・ ・　・	青色欠損・連結みなし欠損・災害損失			円
・　・ ・　・	青色欠損・連結みなし欠損・災害損失			
18・4・1 19・3・31	青色欠損・連結みなし欠損・災害損失	200,000	120,000	80,000
19・4・1 20・3・31	青色欠損・連結みなし欠損・災害損失	400,000		400,000
20・4・1 21・3・31	青色欠損・連結みなし欠損・災害損失	600,000		600,000
21・4・1 22・3・31	青色欠損・連結みなし欠損・災害損失	800,000		800,000
22・4・1 23・3・31	青色欠損・連結みなし欠損・災害損失	200,000		200,000
23・4・1 24・3・31	青色欠損・連結みなし欠損・災害損失	460,000		460,000
	計	2,660,000	120,000	2,540,000

当期分	欠損金額 （別表四「48の①」）		欠損金の繰戻し額	
	同上のうち	災害損失金 (13)		
		青色欠損金		
	合　計			

適格組織再編成等が行われた場合の調整後の控除未済欠損金額の計算に関する明細書		事業年度	24・4・1 25・3・31	法人名	B社

適格組織再編成等が行われた場合の調整後の控除未済欠損金額

事業年度	欠損金の区分	控除未済欠損金額又は調整後の当該法人分の控除未済欠損金額（前期の別表七(一)「5」又は(4)、(7)若しくは別表七(一)付表二「5」若しくは別表七(一)付表二「5」） 1	被合併法人等から引継ぎを受ける未処理欠損金額 適格合併等の別：適格合併・残余財産の確定 適格合併等の日：24・11・30 被合併法人等の名称：C社		調整後の控除未済欠損金額 (1)＋(2)×20% 3
			被合併法人等の事業年度	欠損金の区分	被合併法人等の最終の事業年度の別表七(一)「5」又は(4)、(7)若しくは別表七(一)付表二「5」 2
： ：		円	： ：		円	円
18・4・1 19・3・31	青色欠損金	－	18・7・1 19・6・30	青色欠損金	1,000,000	200,000
19・4・1 20・3・31	〃	－	19・7・1 20・6・30	〃	2,000,000	400,000
20・4・1 21・3・31	〃	－	20・7・1 21・6・30	〃	3,000,000	600,000
21・4・1 22・3・31	〃	－	21・7・1 22・6・30	〃	4,000,000	800,000
22・4・1 23・3・31	〃	－	22・7・1 23・6・30	〃	1,000,000	200,000
23・4・1 24・3・31		300,000	23・7・1 23・8・31	〃	200,000	460,000
： ：			23・9・1 24・8・31		500,000	
： ：			24・9・1 24・11・30		100,000	
計			計		11,800,000	2,660,000

支配関係がある法人との間で適格組織再編成等が行われた場合の未処理欠損金額又は控除未済欠損金額の調整計算の明細

適格組織再編成等の別	合併(適格・非適格)・残余財産の確定・適格分割・適格現物出資・適格現物分配	適格組織再編成等の日 24・11・30
対象法人の別	被合併法人等（名称：C社　）・当該法人	支配関係発生日 16・4・1

対象法人の事業年度	欠損金の区分	対象事業年度に該当する場合又は5年継続支配関係がある場合のいずれにも該当する場合		共同事業要件に該当する場合又は5年継続支配関係がある場合のいずれにも該当しない場合		引継ぎを受ける未処理欠損金額又は調整後の当該法人分の控除未済欠損金額（支配関係事業年度前の事業年度にあっては0、支配関係事業年度以後の事業年度にあっては(5)又は(6)のうち少ない金額） 7
		被合併法人等の未処理欠損金額又は当該法人の控除未済欠損金額（被合併法人等の最終の事業年度の別表七(一)「5」又は当該法人の前期の別表七(一)「5」） 4	被合併法人等の未処理欠損金額又は当該法人の控除未済欠損金額（被合併法人等の最終の事業年度の別表七(一)「5」又は当該法人の前期の別表七(一)「5」） 5	支配関係事業年度以後の事業特定資産譲渡等損失相当額以外の部分から成る欠損金額 6	(8)－(11)	
： ：		円	円	円	円
18・7・1 19・6・30	青色欠損金	1,000,000			
19・7・1 20・6・30	〃	2,000,000			
20・7・1 21・6・30	〃	3,000,000			
21・7・1 22・6・30	〃	4,000,000			
22・7・1 23・6・30	〃	1,000,000			
23・7・1 23・8・31	〃	200,000			
23・9・1 24・8・31	〃	500,000			
24・9・1 24・11・30	〃	100,000			
計		11,800,000			

支配関係事業年度以後の欠損金額のうち特定資産譲渡等損失相当額の計算の明細

対象法人の支配関係事業年度以後の事業年度	支配関係事業年度以後の事業年度の欠損金発生額 支配関係事業年度以後の事業年度のそれぞれの別表七(一)「当期分の青色欠損金」 8	欠損金額のうち特定資産譲渡等損失相当額の計算			
		特定引継資産又は特定保有資産の譲渡等特定事由による損失の額の合計額 9	特定引継資産又は特定保有資産の譲渡等又は評価換え等による利益の額の合計額 10	特定資産譲渡等損失額 (9)－(10) 11	欠損金額のうち特定譲渡等損失相当額 ((8)と(11)のうち少ない金額) 12
： ：	円	円	円	円	円
： ：					
： ：					
： ：					
計					

法　0301-0701-付1

● 問2

C法人は、残余財産の確定後にその分配を行い、その結果みなし配当が生ずることとなった場合において、残余財産の確定後のA法人、B法人及びC法人の税務処理はどのようになりますか。但し、C法人には、未処理欠損金額はないものとします。

また、残余財産の分配は平成24年12月31日までに行われたものとします。

○事実関係

〈C法人〉（清算法人）

① 発行株数　100,000株

② 残余財産分配金　80,000,000円

③ 残余財産分配直前の資本金等の額　60,000,000円

④ （②－③）の金額（利益積立金額の減少額）（みなし配当となる金額）

　　20,000,000円（源泉所得税を含む。）

〈A法人〉

① C法人の保有株数　80,000株

② C法人株式の取得価額　72,000,000円

③ C法人から受けた残余財産分配金　64,000,000円（源泉所得税を含む。）

④ C法人の残余財産分配直前の資本金等の額（C法人の当該直前の払戻等対応資本金額等）の当該直前にA法人が保有するC法人株式数に対応する金額（法令23①三）　48,000,000円

⑤ （③－④）の金額（みなし配当）（法法24①三）　16,000,000円

〈B法人〉

① C法人の保有株数　20,000株

② C法人株式の取得価額　18,000,000円

③ C法人から受けた残余財産分配金　16,000,000円（源泉所得税を含む。）

④ C法人の残余財産分配直前の資本金等の額（C法人の当該直前の払戻等対応資本金額等）の当該直前にB法人が保有するC法人株式数に対応する金額（法令23①三）　12,000,000円

⑤ （③－④）の金額（みなし配当）（法法24①三）　4,000,000円

回 答

〈C法人〉（清算法人）

　残余財産の分配に係る仕訳は次のとおり（解説1参照）。

利益積立金額（みなし配当となる金額）	20,000,000円	/	現預金	76,000,000円
資本金等の額	60,000,000円		預り金（源泉所得税）	4,000,000円

〈A法人〉

　C法人株式の消滅に伴う会計処理及び税務処理（解説2参照）

① 会計仕訳

現預金	60,800,000円	/	C法人株式	72,000,000円
租税公課	3,200,000円			
株式消滅（譲渡）損失	8,000,000円			

② 税務仕訳

現預金	60,800,000円	/	C法人株式	72,000,000円
租税公課	3,200,000円		みなし配当	16,000,000円
資本金等の額	24,000,000円			

　上記の租税公課（3,200,000円）は、みなし配当に係る源泉所得税（C法人が納付したもの）で法人税額の控除額となるので、別表四で加算（流出）の処理を行うこととなります。

　上記のみなし配当（16,000,000円）は、益金として別表四で加算（留保）の処理を行うとともに、全額益金不算入となりますので、別表四で減算（流出）の処理を行うこととなります。

　上記の税務処理を別表四及び別表五(一)に記入すると次のようになります。

（別表四）

単位　円

区　分			総　額	処　分	
				留　保	社外流出
			①	②	③
加算	株式消滅損失の損金不算入	10	8,000,000	8,000,000	
	みなし配当の益金算入額	11	16,000,000	16,000,000	
減算	受取配当等の益金不算入額	16	16,000,000		16,000,000
法人税額から控除される所得税額		31	3,200,000		3,200,000

（別表五㈠）

Ⅰ　利益積立金額の計算に関する明細書

単位　円

区　分		期首現在利益積立金額	当期の増減		差引翌期首現在利益積立金額 ①－②＋③
			減	増	
		①	②	③	④
資本金等の額	3			24,000,000	24,000,000

（別表五㈠）

Ⅱ　資本金等の額の計算に関する明細書

単位　円

区　分		期首現在資本金等の額	当期の増減		差引翌期首現在利益積立金額 ①－②＋③
			減	増	
		①	②	③	④
利益積立金額	34		24,000,000		△24,000,000

124

〈B法人〉

C法人株式の消滅に伴う会計処理及び税務処理（解説2参照）

① 会計仕訳

現預金	15,200,000円	C法人株式	18,000,000円
租税公課	800,000円		
株式消滅損失（譲渡損失）	2,000,000円		

② 税務仕訳

現預金	15,200,000円	C法人株式	18,000,000円
租税公課	800,000円	みなし配当	4,000,000円
資本金等の額	6,000,000円		

　上記の租税公課（800,000円）は、みなし配当に係る源泉所得税（C法人が納付したもの）で法人税額の控除額となるので、別表四で加算（流出）の処理を行うこととなります。

　上記のみなし配当（4,000,000円）は、益金として別表四で加算（留保）の処理を行うとともに、全額益金不算入となりますので、別表四で減算（流出）の処理を行うこととなります。

　上記の税務処理に係る別表四及び別表五（一）の記載は、A法人と全く同様（金額のみ異なるだけである。）であるので、その記載は省略します。

解　説

1　C法人の残余財産の分配に係る税務処理

　法人税法上、本件におけるC法人の残余財産の分配は、資本金等の額からの分配と利益積立金額からの分配（みなし配当となる金額）に分かれます。この内、利益積立金額からの分配については、所得税法上、これらを受けるA法人及びB法人の配当等とみなす金額となり（所法24①、所法25①三）、これらの金額については、所得税が課されることとなります（所法7①四、所法174二、所法175二）。一方、これらの金額を支払うC法人には源泉徴収義務が課されており、これらの金額に対して20％の源泉所得税を徴収することとなっております（所法212③、所法213②二）。

2　Ａ法人及びＢ法人が保有するＣ法人株式消滅に伴う税務処理

　Ａ法人及びＢ法人と完全支配関係にあるＣ法人は解散し、その後Ａ法人及びＢ法人に対して残余財産の分配を行い、消滅することとなります。

　法人税法では、この分配金の中に、Ｃ法人の利益積立金額からの分配金額（つまり、Ａ法人及びＢ法人のそれぞれ受けた残余財産分配金が、Ｃ法人の残余財産分配直前の資本金等の額（Ｃ法人の当該直前の払戻等対応資本金額等）の当該直前にＡ法人及びＢ法人が保有するＣ法人株式数に対応する金額（法令23①三）を超える場合のその超える金額）については、みなし配当（法法24①三）として受取配当等の益金不算入の適用を受けることができ（法法23①一）、さらに、Ｃ法人とＡ法人及びＢ法人とは完全支配関係にあることから、その全額が益金不算入（法法23①一・④・⑤、法令22の２①②）となりますので、結果として、課税所得は発生しません。

　なお、みなし配当については、上記１で述べたように、源泉徴収されております。

　一方、Ａ法人及びＢ法人が保有するＣ法人株式は消滅したことに伴いＣ法人株式の消滅損失が発生します。これは、法人税法、有価証券の譲渡とされ、Ｃ法人株式の譲渡対価となる金額は、その譲渡原価に相当する金額とされることから、Ａ法人及びＢ法人が保有するＣ法人株式の消滅損失（譲渡損失）は計上されないこととなっています（法法61の２⑯）。

　この場合、法人税法上、上記みなし配当がある場合において、交付を受けた金銭の額からそのみなし配当（源泉所得税を含む）を控除した金額とＣ法人株式の譲渡対価とされる金額との差額が、次の算式により、株主であるＡ法人及びＢ法人における資本金等の減算項目とされます（法令８①十九）。すなわち、このことは、Ｃ法人株式の譲渡原価とＣ法人株式の譲渡対価（みなし配当は除く。）との差額（譲渡損益相当額）を株主であるＡ法人及びＢ法人の資本金等の額にチャージすることを意味しております。

$$\boxed{みなし配当} + \boxed{\begin{array}{c}上記文中の譲渡対価\\とされる金額\\（譲渡金額）\end{array}} - \boxed{\begin{array}{c}交付を受けた金銭の額\\（残余財産分配金）\\（源泉所得税を含む）\end{array}}$$

① A法人の資本金等の減算となる金額は次のようになります。

16,000,000円（みなし配当）＋72,000,000円（上記文中の譲渡対価とされる金額）

－64,000,000円（交付を受けた金銭の額）（残余財産分配金）＝24,000,000円

② B法人の資本金等の減算となる金額は次のようになります。

4,000,000円（みなし配当）＋18,000,000円（上記文中の譲渡対価とされる金額）

－16,000,000円（交付を受けた金銭の額）（残余財産分配金）＝6,000,000円

（上記の記載内容は、平成25年2月18日現在の税法を前提に記述しており、文中、意見にわたる内容については私見であることをお断りします。）

週刊税務通信　3388号　2015年12月14日

解説 減価償却資産を適格現物分配の資産とする剰余金の配当を行った場合の税務処理

1 はじめに

　近年、グループ企業の業務の合理化等を図る手法として「適格現物分配」が広く活用されています。現物分配資産はその目的によって様々で、株式や土地などの資産のほかに債権債務を分配するケースもあります。

　ところで、適格現物分配を行った場合の税務上の処理については、従来の法人税法とは異なる手法で行わざるえないこともあり、またその法令も多岐にわたることからその判断に迷いがある声も聞かれるところです。

　そこで本稿では、実際にあった事例をもとに"減価償却資産"を適格現物分配の資産とする剰余金の配当を行った場合の税務処理を検討することとしました。この解説を読まれることにより適格現物分配の考え方を良く理解して適正な税務処理をしていただければと考えております。

　まず、本解説に係る税法用語の説明等を行い、その後、具体的事例について法令に即してできるだけわかりやすく説明するとともに、別表の処理についても解説します。

　（上記の記載内容は、平成27年12月14日現在の税法を前提に記述しており、文中、意見にわたる内容については私見であることをお断りします。）

2 用語の説明と適格現物分配導入の経緯

(1)　現物分配とは（法法2十二の六）

　法人がその株主等に対して次の事由により、金銭以外の資産の交付をすることをいいます。

① 　剰余金の配当若しくは利益の配当又は剰余金の分配

② 　みなし配当（法法24①三～六に掲げる事由（みなし配当の発生する事由で、例

えば「資本の払戻し又は解散による残余財産の分配」等をいいます。))

(2) 適格現物分配とは（法法２十二の十五）

　内国法人を現物分配法人とする現物分配のうち、その現物分配により資産の移転を受ける者がその現物分配の直前において、その内国法人との間に完全支配関係がある内国法人（普通法人又は協同組合等に限ります。）のみであるものをいいます。

(3) 適格現物分配の導入の経緯と改正の概要

○導入の経緯

　平成22年度の税制改正前は、子法人から親法人への現物資産の移転については、合併、分割という方法を用いれば（適格合併及び適格分割）、簿価引継ぎとなる一方、配当、残余財産の分配という方法を用いれば譲渡損益課税が行われ、手段によって課税上の取扱いが異なることとなっていました。そこで、平成22年度の税制改正におけるグループ法人税制の導入による共通項目であるグループ法人の実質的一体性に着目し、グループ法人間の現物分配の場合にも、資産の譲渡損益はいまだ実現していないものと考えられることから、現物分配による資産の譲渡損益課税の繰延制度が措置され、その平仄をとることとしたものです。

○適格現物分配に係る税務上の取扱い

　適格現物分配の資産は、帳簿価額で現物分配法人から被現物分配法人に引き継がれることにより、その移転時点での課税関係は生じません（法法62の5③）。被現物分配法人に移転された当該資産の取得価額は、現物分配法人が移転した当該資産の帳簿価額に相当する金額とするものとされます（法令123の6①）。

　また、適格現物分配により資産の移転を受けた被現物分配法人は、移転を受けたことにより生ずる当該資産の収益の額は、当期の益金の額に算入しないこととされます（法法62の5④）。

　なお、適格現物分配により移転した資産に係る源泉徴収は行いません（所法24①カッコ書き）。

〈適格現物分配のイメージ〉

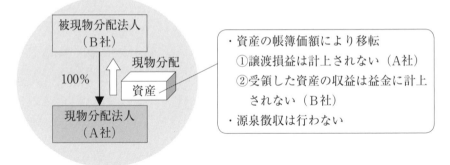

3 具体的事例

平成26年12月1日に、内国法人A社（現物分配法人）が、A社の全株式を所有する内国法人B社（被現物分配法人）に対して会社法第454条による剰余金の配当により資産（建物）をB社に移転した。

I A社（現物分配法人）の税務処理

A社の事業年度は1年で決算期は9月であり、A社と完全支配関係にある内国法人B社に対し適格現物分配（剰余金の配当）により移転した資産（建物）の税務上の処理に係る事実関係は次のとおりである。

①	減価償却資産の取得価額 （建築会社に依頼して新たに建築し、取得した建物）	1,000,000,000円
②	取得年月日（事業の用に供した日）	平成18年10月1日
③	税務上の耐用年数	50年
④	税務上の償却方法及び償却率	旧定額法で0.02
⑤	各事業年度の償却限度額	1,000,000,000円×0.9×0.02 ＝18,000,000円
⑥	各事業年度において償却費として損金経理した金額	平成19年9月期　18,000,000円 平成20年9月期　18,000,000円 平成21年9月期　20,000,000円

		平成22年 9 月期　20,000,000円 平成23年 9 月期　20,000,000円 平成24年 9 月期　20,000,000円 平成25年 9 月期　20,000,000円 平成26年 9 月期　20,000,000円
⑦	平成27年 9 月期において、当該移転した建物に係る期中損金経理額（当該資産について損金経理額に相当する金額を費用の額として計上した金額（例えば、減価償却費などの費用として計上した金額）（法法31②））	3,000,000円 （1,000,000,000円×0.9×0.02× 2 （平成26年10月 1 日～平成26年11月30日））／12） したがって、上記金額は、当該資産に係る当期の償却限度額に相当する金額と一致している。 なお、上記に係る届出書類（法規21の 2 ）は、平成26年12月19日に納税地の税務署長に提出済である（法法31③）。
⑧	平成27年 9 月期の期首における償却超過額	（20,000,000－18,000,000）× 6 （21/ 9 期～26/ 9 期） ＝12,000,000円

【事例検討のポイント】

　適格現物分配が行われた場合におけるA社（現物分配法人）の処理等のポイントは次のとおりです。

1　適格現物分配を行った事業年度における減価償却費相当額の損金計上

　⑴　期中損金経理額の取扱い（法法31①②）

　⑵　期中損金経理額の損金算入条件（法法31②③、法規21の 2 ）

2　適格現物分配により資産を移転（剰余金の配当）した場合の課税関係（法法62の 5 ③）

　⑴　税務調整（別表四及び別表五㈠の別表調理要領）（法令 9 ①八）

　⑵　申告書の別表調理

3　適格現物分配資産の移転（剰余金の配当）に係る源泉徴収課税の適否（所法24①カッコ書き、174二、212③）

1　適格現物分配を行った事業年度における減価償却費相当額の損金計上

　本件は、平成26年12月１日に内国法人Ａ社（現物分配法人）が、Ａ社の全株式を所有する内国法人Ｂ社（被現物分配法人）に対し適格現物分配（剰余金の配当）により資産（建物）をＢ社に移転しているため、移転した事業年度の末日では当該資産（建物）を有していませんが、以下の条件を満たしていれば移転した資産に係る減価償却費相当額を損金算入することが認められています。

⑴　適格現物分配が行われた場合の期中損金経理額の取扱い

　法人税法における減価償却資産の償却限度額の計算上、減価償却資産の償却費として損金計上が認められるのは、当該法人が各事業年度末に有する減価償却資産に限られます（法法31①）。

　しかし、適格現物分配（残余財産の全部分配は除きます。）により被現物分配法人に減価償却資産を移転する場合において、当該適格現物分配の行われた事業年度末には当該減価償却資産を現物分配法人は有していないが、当該減価償却資産について損金経理額に相当する金額を費用の額とした時は、その費用の額のうち、当該適格現物分配の日の前日を事業年度終了の日とした場合に法法31①の規定により計算される償却限度額に相当する金額に達するまでの金額を、当該適格現物分配の日の属する事業年度において、損金の額に算入することとされています（法法31②）。

　ただし、次の「⑵適格現物分配が行われた場合の期中損金経理額の損金算入条件」に記載した書類を当該適格現物分配の日から２ヶ月以内に所轄税務署長に提出することが条件とされています（法法31③、法規21の２）。

　つまり、適格現物分配により被現物分配法人に減価償却資産を移転し、その資産を事業年度末に有していない場合においても、その減価償却資産に係る損金経理額に相当する金額を期中損金経理額として費用の額に計上した金額は、減価償却資産の償却限度額計算における損金経理額と同等の扱いをすることとなります。

(2) 適格現物分配が行われた場合の期中損金経理額の損金算入条件（法法31③、法規21の２）

適格現物分配（残余財産の全部分配は除きます。）の日以後２ヶ月以内に次の事項を記載した書類を納税地の所轄税務署長に提出すること。

① 法法31②（期中損金経理額の損金算入）の規定の適用を受けようとする現物分配法人の名称及び納税地並びに代表者の氏名

② 法法31②に規定する適格現物分配に係る被現物分配法人の名称及び納税地並びに代表者の氏名

③ 適格現物分配の日

④ 適格現物分配により被現物分配法人に移転する減価償却資産に係る法法31②に規定する期中損金経理額及び償却限度額に相当する金額並びにこれらの金額の計算に関する明細

⑤ その他参考となる事項

上記(1) (2)の事項を記載する書式は、国税庁が公表している法人税申告書の「別表十六(1)」及び「適格分割等による期中損金経理額等の損金算入に関する届出書」を使用することとなります（法規27の14）。

(3) 本件の処理

本件は、減価償却資産に係る減価償却費相当額3,000,000円を期中損金経理額として計上しています（法法31②）。また、上記に係る届出書類（法規21の２）は、平成26年12月19日に納税地の税務署長に提出済です（法法31③）。

当該資産に係る償却限度額に相当する金額は3,000,000円（18,000,000×２/12）であるので、当該資産に係る損金の否認額は発生しません。

2 適格現物分配により資産を移転（剰余金の配当）した場合の課税関係

適格現物分配により資産を移転したときには、当該資産の当該適格現物分配直前の税務上の帳簿価額により当該被現物分配法人に対して譲渡したものとするとされています（法法62の５③）。

本件の適格現物分配資産の譲渡原価及び譲渡金額は、次の金額の合計額

853,000,000円（①＋②）となります。したがって、損益は発生しません。

① 会計上の帳簿価額　841,000,000円

　　1,000,000,000円 －（18,000,000円 × 2 ＋20,000,000円 × 6 ＋3,000,000円）

② 償却超過額　12,000,000円

(1) 適格現物分配により資産を移転（剰余金の配当）した場合の税務調整（法令9①八）

　〈会計上の仕訳〉

　　その他利益剰余金 841,000,000円 ／ 建物（現物配当）841,000,000円

　〈税務上の処理〉

　　利益積立金額 853,000,000円 ／ 建物（現物分配）　　　　　　　841,000,000円

　　　　　　　　　　　　　　　　　償却超過（建物）（現物分配）12,000,000円

(2) 申告書の別表調理

　　別表四における「当期利益又は当期欠損の額［1］」の「社外流出③」の「配当」欄に853,000,000円を計上し、その結果△853,000,000円が「当期利益又は当期欠損の額［1］」の「留保②」欄に含まれることとなります。

　　また、別表五㈠においては、「当期の増減」の「減②」欄に、「償却超過（建物）」として12,000,000円を「繰越損益金［26］」として841,000,000円を記載することとなります。

（別表四）

単位　円

区　　分		総　額	処　　分		
			留　保	社外流出	
		①	②	③	
当期利益又は当期欠損の額	1		△853,000,000	配　当	853,000,000
				その他	

（別表五㈠）

単位　円

Ⅰ　利益積立金額の計算に関する明細書					
区　　分		期首現在利益積立金額	当期の増減		差引翌期首現在利益積立金額①－②＋③
			減	増	
		①	②	③	④
償却超過（建物）	××	12,000,000	12,000,000		0
繰越損益金	26		841,000,000		

3　適格現物分配資産の移転（剰余金の配当）に係る源泉徴収課税の適否

　適格現物分配に係る剰余金の配当は、所得税法上、配当所得に該当しない（所法24①カッコ書き）ので源泉徴収は不要となります（所法174二、212③）。したがって源泉徴収は必要ありません。

Ⅱ　B社（被現物分配法人）の税務処理

　B社の事業年度は1年で決算期は9月であり、B社と完全支配関係にある内国法人A社から現物分配として移転を受けた資産（建物）の税務上の処理に係る事実関係は次のとおりである。

①	建物の取得価額（適格現物分配直前におけるA社の税務上の帳簿価額に相当する金額）	853,000,000円
②	償却限度額計算上の建物の取得価額	1,000,000,000円
③	取得年月日（事業の用に供した日）	平成26年12月1日
④	償却費として損金経理した金額	14,000,000円

┌─【事例検討のポイント】─────────────

　適格現物分配が行われた場合におけるB社（被現物分配法人）の処理等のポイントは次のとおりです。

1　適格現物分配により資産（建物）の移転を受けた場合の課税関係

　⑴　税務調整（別表四及び別表五㈠の別表調理要領）（法法62の5④、法令9

1　適格現物分配により資産（建物）の移転を受けた場合の課税関係

　本件は、平成26年12月 1 日に内国法人Ｂ社（被現物分配法人）が、Ｂ社が全株
式を保有する内国法人Ａ社（現物分配法人）から適格現物分配（剰余金の配当）に
より資産（建物）の移転を受けたため、その移転が行われた事業年度において、
剰余金の配当として当該資産（建物）を益金に計上するとともに、同額を損金
に計上することとなります（法法62の 5 ④）。

⑴　適格現物分配により資産（建物）の移転を受けた場合の税務調整（法法62の
　　5 ④、法令 9 ①四）

　〈会計上の仕訳①〉

　　建　　　物 841,000,000円　／　受取配当 841,000,000円

　しかし、公認会計士の監査を受ける会社が、企業会計基準に従って会計処理
を行う場合には、次のような会計仕訳を行うこととなります（企業会計基準第 7
号（事業分離等に関する会計基準）の「現金以外の財産の分配を受けた場合の株
主に係る会計処理」）。

〈会計上の仕訳②〉

建　　物　841,000,000円　／　A社株式　841,000,000円

〈税務上の処理〉

建　　物　　　　841,000,000円　／　受取配当　853,000,000円

償却超過（建物）　12,000,000円　／

適格現物分配に係る

益金不算入額　853,000,000円　／　社外流出　853,000,000円

⑵　申告書の別表調理

〈会計上の仕訳①の場合〉

　別表四において「受取配当」として償却超過（建物）12,000,000円を加算（留保）し（法令123の6①）、同額を別表五㈠において「償却超過（建物）」の「当期の増減」の「増③」欄に記入します。

　しかし、適格現物分配により資産の移転を受けたことにより生ずる収益の額（ここでは受取配当金853,000,000円となります。）は、益金の額に算入しないとされています（法法62の5④）ので、別表四において「適格現物分配に係る益金不算入額［17］」として853,000,000円を減算（社外流出）します。

（別表四）

単位　円

区　　分		総　額 ①	処　分		
			留　保 ②	社外流出	③
加算	受取配当	××	12,000,000	12,000,000		
減算	適格現物分配に係る益金不算入額	17	853,000,000		※	853,000,000

（別表五（一））

単位　円

I　利益積立金額の計算に関する明細書				
区　　分	期首現在利益積立金額	当期の増減		差引翌期首現在利益積立金額①－②＋③
		減	増	
	①	②	③	④
償却超過（建物） ××			12,000,000	12,000,000

〈会計上の仕訳②の場合〉

　上記①の場合と同様に、適格現物分配により資産の移転を受けたことにより生ずる収益の額（ここでは受取配当853,000,000円となります。）は、益金の額に算入しないとされています（法法62の5④）が、B社では当該収益の額が会計上全く計上されていませんので、別表四で「受取配当」として853,000,000円を加算（留保）（法令123の6①）し、同額を別表四で減算（※印の社外流出）します。また、別表五（一）において「A社株式」として「当期の増減」の「増③」欄に841,000,000円を記載するとともに「償却超過（建物）」として「当期の増減」の「増③」欄に12,000,000円を記載することとなります。

（別表四）

単位　円

区　　分		総　額	処　　分	
			留　保	社外流出
		①	②	③
加算	受取配当 ××	853,000,000	853,000,000	
減算	適格現物分配に係る益金不算入額　17	853,000,000		※　853,000,000

（別表五㈠）

単位　円

I　利益積立金額の計算に関する明細書		期首現在利益積立金額	当期の増減		差引翌期首現在利益積立金額 ①－②＋③
			減	増	
区　　分		①	②	③	④
A社株式	××			841,000,000	841,000,000
償却超過（建物）	××			12,000,000	12,000,000

2　適格現物分配により移転を受けた資産（建物）に係る留保金課税の要否

　当該建物の金額は、別表四で減算（※印の社外流出）とされていることから課税所得には含まれませんが、別表三㈠の「留保所得金額［1］」の金額に含まれることとなっているので、特別税率の計算上の留保所得に含まれるようにも考えられます。

　しかし、当該適格現物分配により取得した建物の金額は、特定同族会社の特別税率の計算上の留保所得に含まれません（法法67③）。この措置は、あくまでも組織再編成により課税しないこととしたため、特別税率の計算上の留保所得にも含まれないこととされています。

　したがって本件においては、別表三㈠の「留保所得金額［1］」の内書として、別表四で減算（※印の社外流出）した853,000,000円を記載し、当該金額を同表の「当期留保金額［8］」から減算して計算することとされていますので、当該金額（853,000,000円）は当期留保金額から除外されることとなります（法法67③）。

3　適格現物分配により移転を受けた資産（建物）に係る償却費の計算等

⑴　適格現物分配により移転を受けた資産（建物）の取得価額

　適格現物分配により取得した建物の取得価額は、当該適格現物分配直前におけるA社の当該減価償却資産の税務上の帳簿価額に相当する金額とされています（法令123の6①）。

　したがって、本件においては853,000,000円（134頁参照）となります。

　具体的には、会計帳簿では、841,000,000円を、別表五(一)において「償却超過（建物）」として「当期の増減」の「増③」欄に12,000,000円を記載することとなります。

(2)　適格現物分配により移転を受けた資産（建物）の償却限度額の計算上の取得価額

　現物分配法人（A社）が当該現物分配の日の前日を事業年度終了の日とした場合に、その事業年度において当該建物の償却限度額の計算の基礎とすべき取得価額及び被現物分配法人（B社）が当該建物を事業の用に供するために直接要した費用の合計金額とされています（法令54①五ロ）。

　本件においては、当該建物を事業の用に供するために直接要した費用はないので、1,000,000,000円（A社の当該建物の取得価額）となります。

　したがって、税務上の帳簿価額として記載された取得価額（853,000,000円）と減価償却の償却限度額の計算のための取得価額（1,000,000,000円）は異なることに留意する必要があります。

(3)　適格現物分配により移転を受けた資産（建物）の償却方法

　適格現物分配により現物分配法人から移転を受けた減価償却資産は、現物分配法人がその減価償却資産の取得をした日においてその移転を受けた法人により取得をされたものとみなして、それぞれに定められている償却方法により減価償却を行うこととなります（法令48の3）。

　したがって、本件では、A社が当該建物を取得した日において、B社により取得されたものとみなして、法令48又は法令48の2に規定される償却方法を適用することとなります。そのため、当該建物は、平成18年10月1日に取得されていますので、「旧定額法」を適用して償却限度額の計算をすることとなります（法令48①一ロ）。

(4) 適格現物分配により移転を受けた資産（建物）の償却限度額の計算（法令48
①一イ(1)、耐用年数省令4①・6①、耐用年数省令別表第一・第七・第十一）

$$1,000,000,000円 \times 0.9 \times 0.02 \times 10（※）／12 = 15,000,000円$$

※平成26年12月1日〜平成27年9月30日

(5) 適格現物分配により移転を受けた資産（建物）の償却費として損金経理を
した金額（法法31①④）

　B社はA社から適格現物分配により取得した建物について、会計上で減価償
却費として14,000,000円を損金経理しています（37頁Ⅱ④参照）。また、A社から
引き継いだ償却超過額も当該事業年度において償却費として損金経理をした金
額に含まれることとされている（法法31④）ので、当該事業年度において償却費
として損金経理をした金額の合計額は、14,000,000円と当該資産に係る償却超過
額12,000,000円を合算した金額26,000,000円となります。

$$14,000,000円 + 12,000,000円 = 26,000,000円$$

(6) 適格現物分配により移転を受けた資産（建物）の当期末の償却超過額

$$26,000,000円 - 15,000,000円 = 11,000,000円$$

(7) 申告書の別表調理

　確定申告書の別表の記載方法は、実務上、B社（被現物分配法人）の当該現物
分配資産（減価償却資産）に係る償却不足額1,000,000円（15,000,000円 − 14,000,000
円）が、A社から引き継がれた償却超過額12,000,000円以下であるので、償却超
過額12,000,000円のうち当該1,000,000円を償却超過額の当期損金認容額として別
表四で減算しなければならないこととなっています（法法31①④、No.3314）。

　なお、法人税法のとおり解釈すると、当該現物分配資産（減価償却資産）の減
価償却費計算に係る税務処理は、次のようになります。

　法法31④により別表四で12,000,000円を損金経理額として減算計上し、一方、
会計上では14,000,000円が損金経理されていますので、償却費として損金経理を
した金額の合計額は上記(5)のとおり26,000,000円となることから、上記(4)で計算

した当該資産に係る償却限度額15,000,000円との差額11,000,000円を償却超過額として別表四で加算することとなります。

　ただし、実務上では、会計上で償却費として損金計上した金額14,000,000円が上記(4)で計算した償却限度額15,000,000円に1,000,000円（15,000,000円－14,000,000円）不足しており、かつ、Ａ社から引き継がれた償却超過額が12,000,000円あるので、当該償却不足額1,000,000円を償却超過額の当期損金認容額として別表四で減算処理することとしています。したがって、国税庁の公表している別表十六(1)もこのような記載形式をとっているものと思われます。

【著者略歴】

税理士　山邉　廣重（やまべ　ひろしげ）

慶應義塾大学経済学部卒

国税庁調査課、東京国税局調査部審理課係長、調査部主査、調査情報専門官、課長補佐、統括国税調査官を経て、横須賀税務署長で退官。現在、税理士。

法人税　別表四・別表五㈠の本質

令和2年4月5日　　初版第一刷印刷　　　　　　　　　　　（著者承認検印省略）
令和2年4月10日　　初版第一刷発行

Ⓒ　著　者　　山　邉　廣　重

発行所　　税 務 研 究 会 出 版 局

週刊 「税務通信」「経営財務」発行所

代表者　　山　根　　　毅

郵便番号 100-0005
東京都千代田区丸の内 1-8-2 鉄鋼ビルディング
振替 00160-3-76223
電話〔書 籍 編 集〕03 (6777) 3463
　　〔書 店 専 用〕03 (6777) 3466
　　〔書 籍 注 文〕
　　〔お客さまサービスセンター〕03 (6777) 3450

──── 各事業所　電話番号一覧 ────

北海道 011(221)8348　　神奈川 045(263)2822　　中　国 082(243)3720
東　北 022(222)3858　　中　部 052(261)0381　　九　州 092(721)0644
関　信 048(647)5544　　関　西 06(6943)2251

＜税研ホームページ＞　https://www.zeiken.co.jp

乱丁・落丁の場合は，お取替え致します。　　　印刷・製本　東日本印刷株式会社

ISBN 978-4-7931-2515-7